Beiträge zum Aktienrecht

von

Justizrat Albert Pinner,
Rechtsanwalt in Berlin.

Berlin 1918.
J. Guttentag, Verlagsbuchhandlung
G. m. b. H.

Meinen Söhnen im Felde

Vorwort.

Die meisten der hier zusammengefaßten Aufsätze sind in den letzten Jahren in juristischen Zeitschriften veröffentlicht. Diese sowie die neu hinzugekommenen sind aus Vorarbeiten für die nächste — 10. — Auflage des Staubschen Kommentars zum Handelsgesetzbuch hervorgegangen bis auf einen Aufsatz, der schon vor 1912 erschienen ist. Da der Krieg und mit ihm zusammenhängende äußere Umstände das Erscheinen der neuen Auflage erheblich verzögern, erscheinen diese Aufsätze hier gesammelt; sie behandeln einen Teil der Fragen des Aktienrechts, die nach dem Jahre 1912 neu aufgeworfen oder neu zur Diskussion gestellt sind. Allen ist gemeinsam, daß sie sich nicht auf theoretische Forschungen und Erörterungen beschränken; sie versuchen die wirtschaftlichen Bedürfnisse mit dem Gesetz in Einklang zu bringen. Geschöpft aus den lebendigen Quellen des praktischen Lebens, sollen sie nicht nur den Juristen, sondern allen, die sich sonst mit der Aktiengesellschaft zu beschäftigen haben, zur Anregung dienen.

Dezember 1917.

A. Pinner.

Inhaltsangabe.

Seite

§ 213 Handelsgesetzbuch 7
Reserven 21
Betrachtungen über Generalversammlungen 33
Feststellung der Bilanz einer Aktiengesellschaft durch das Gericht 41
Die Bilanz der Aktiengesellschaft und das Reichsgericht 48
Kartelle als Aktiengesellschaften 55
Das Recht des Vorsitzenden der Generalversammlung gegenüber störenden Aktionären 64
Die Minderheitsrechte der Aktionäre und das Reichsgericht 68
Zuwendungen der Aktiengesellschaften zu Kriegswohlfahrtszwecken 77

§ 213 Handelsgesetzbuch.

§ 213 enthält zwei Vorschriften. Die eine beschränkt die Rechte der Aktionäre, indem bestimmt wird, daß die Aktionäre ihre Einlagen nicht zurückfordern können; die zweite setzt das wichtigste Recht der Aktionäre, das Recht auf Dividende, fest. Es knüpfen sich an den § 213 eine Reihe von Streitfragen, aus denen zwei, bei denen noch nicht eine vollständige Übereinstimmung der Meinungen erzielt ist, in folgendem behandelt werden sollen:

I. Die Vorschrift des § 213, daß die Aktionäre ihre Einlagen nicht zurückfordern können, klingt einfach und selbstverständlich und doch hat sie, in ihre letzten Konsequenzen durchgedacht, Anlaß zu einem erbitterten Streit der Meinung gegeben. Die bedeutendsten handelsrechtlichen Praktiker haben das Wort ergriffen, so u. a. Simon (Leipziger Zeitschrift von 1913 S. 11), Flechtheim (Juristische Wochenschrift von 1916 S. 937), Breit (Zeitschrift für Handelsrecht Bd. 76 S. 415, Juristische Wochenschrift von 1916 S. 450, Leipziger Zeitschrift von 1913 S. 337).

Der Gedankengang ist folgender:

Wendet man allein die Grundsätze des Bürgerlichen Rechts an, so kann kein Zweifel bestehen, daß ein Aktionär seine Zeichnung des Grundkapitals oder des erhöhten Kapitals wegen Willensmängel, Irrtum, Betrug usw. anfechten kann. Er kann auch auf Grund der außerkontraktlichen Haftung, wenn er etwa durch schuldhafte Handlungen des Vorstandes zur Zeichnung veranlaßt ist, die Gesellschaft, die nach § 31 BGB. für Handlungen des Vorstandes haftet, auf Schadensersatz, also in erster Linie auf Rücknahme der Aktien gegen Herausgabe des Zeichnungsbetrages in Anspruch nehmen. Eine ausdrückliche Bestimmung des HGB, die diesen Vorschriften entgegensteht, gibt es nicht.

Hier aber ist die Wissenschaft und Praxis beschränkend eingeschritten nicht nur aus der Auslegung des § 213, daß Aktionäre ihre Einlagen nicht zurückfordern können, sondern vor allem aus einem aktienrechtlichen Grundprinzip, daß die Erklärung des Zeichners und Übernehmers einer Aktie bei Gründung und Kapitalserhöhung nicht nur seinen Mitgesellschaftern, sondern auch der Allgemeinheit gegenüber abgegeben wird, daß sie ein gesellschaftlicher Akt ist, der das tatsächliche Vorhandensein der Gesellschaft in der Form und dem Inhalt, mit dem sie gegründet ist, gewährleistet. Alle Garantien, die das Gesetz geschaffen hat, würden hinfällig werden, wenn die Zeichner mit dem Einwand gehört würden, sie hätten sich geirrt oder wären getäuscht worden. Dieser aus dem Aktienrecht hergeleitete Grundsatz geht den Vorschriften des Bürgerlichen Rechts vor und verhindert die Anfechtung.

In weiterer Ausdehnung dieses Grundsatzes sind auch die Schadensersatzansprüche der Aktionäre, die bei ihrer Zeichnung seitens der Organe der Gesellschaft getäuscht worden sind, gegen die Gesellschaft nicht zugelassen worden, da ja sonst auf Umwegen dasselbe Resultat erreicht worden wäre wie bei der Anfechtung. Es ist also auch die Wirkung des § 31 BGB. für diese Handlungen beseitigt.

Bis hierhin ist im ganzen Einigkeit vorhanden; nur in Einzelheiten bestehen Differenzen. Insbesondere will Breit in den oben angegebenen Schriften den Schadensersatzanspruch nur insoweit beschränken, als er sich gegen das Kapital der Aktiengesellschaft richtet, nicht aber insoweit er aus dem Gewinn der Gesellschaft zu befriedigen ist. Flechtheim schließt sich dem mit der Beschränkung an, daß nur der zur Verteilung kommende Reingewinn in Anspruch zu nehmen ist. Das Reichsgericht aber hat in feststehender Praxis jeden Anspruch des Aktionärs aus Vorgängen bei der Gründung bzw. Kapitalserhöhung zurückgewiesen.

Nun aber kam eine weitere Frage zur Erörterung, die sich direkt an die hier festgestellten Grundsätze anschloß. Eine Aktiengesellschaft verkauft Aktien, die sie in ihrem Besitz hat, als Eigenhändlerin oder Kommissionärin an einen Dritten; dieser ficht den Kauf an; eine Gesellschaft verkauft Aktien mit Garantie, d. h. sie verpflichtet sich, unter gewissen Bedingungen die Aktien zurückzunehmen; eine Gesellschaft verpflichtet ihren Vorstand oder Aufsichtsrat, Aktien zu nehmen und übernimmt ihrerseits die Verpflichtung, dieselben bei Ausscheiden des Nehmers aus dem Amte zurückzunehmen, oder endlich die Gesellschaft ist beim Verkauf eigener Aktien, z. B. auf Grund des § 45 des Börsengesetzes, wegen Prospekthaftung schadensersatzpflichtig.

Wie soll in diesen Fällen entschieden werden? Soll die Gesellschaft verpflichtet sein, die Aktien wieder zu nehmen und das, was sie erhalten hat, zurückzugeben?

An sich haben die Fälle mit dem Fall der Anfechtung der Aktienzeichnung insofern Ähnlichkeit, als in beiden Fällen Aktionäre Gläubiger werden und die Gesellschaft eigene Aktien, die vielleicht wertlos oder minderwertig sind, erhält, gegen die sie den Gegenwert herauszuzahlen hat. In beiden Fällen wird also das Grundkapital der Aktiengesellschaft geschädigt, so daß sich also eine ökonomische Gleichstellung beider Fälle nicht bezweifeln läßt. Anderseits wird man rein gefühlsmäßig sich sagen, daß dieser Grund nicht entscheiden kann; denn das Gesetz kann wohl eine Garantie schaffen, daß das Kapital einer Gesellschaft bei der Gründung vorhanden ist, nicht aber, daß es, nachdem die Gesellschaft ins Leben getreten ist, unberührt bleibt. Man fühlt, daß es sich hier um eine Überspannung des Prinzips handelt, die zu uferlosen Folgerungen führt.

Nun ist es sehr interessant, zu beobachten, wie das Reichsgericht sich zu dieser Frage gestellt hat.

In einer Entsch. Bd. 54 S. 128 versagt das Reichsgericht in einem Falle, in dem jemand bei einer Kapitalserhöhung Aktien von der Gesellschaft bezogen hatte, im Anschluß an die feststehende Praxis diesen Anspruch. Es findet sich aber in dieser Entscheidung der lediglich auf einen Aufsatz von Sievers gestützte Satz, daß die Erwägungen, welche dazu führen, dem durch die Mitglieder des Vorstands getäuschten Zeichner einen Schadensersatzanspruch gegen die Gesellschaft zu versagen, auch dann Platz greifen, wenn jemand durch das schuldhafte Verhalten der Vorstandsmitglieder veranlaßt worden ist, Aktien der Gesellschaft zu kaufen und dadurch Mitgliedschaftsrechte zu erwerben. Folgerungen aus diesem Satze aber sind in dieser Entscheidung nicht gezogen.

Weiter geht das Reichsgericht in einer Entsch. im 62 Bd. S. 29. Dort hatte ein Aktionär sich durch falsche Angaben von Vorstandsmitgliedern bestimmen lassen, von dritten Personen Aktien der Gesellschaft zu kaufen bzw. von der Aktiengesellschaft als Kommissionärin deren eigene Aktien zu übernehmen. Hier sagt nun das Gericht unter Hinweis auf die oben bezeichnete Entsch. Bd. 54 und unter nochmaligem Hinweis auf den Aufsatz von Sievers, daß dieser Fall genau so zu beurteilen ist wie der Fall, daß ein Aktionär bei der Gründung durch betrügerische Handlungen des Vorstandes zur Zeichnung veranlaßt worden ist. Es erklärt den Anspruch dessen, der Aktien von der Gesellschaft oder von einem Dritten gekauft hat, gegen die Gesellschaft auf Rücknahme der Aktien für den Grundsätzen des Aktienrechts widersprechend. In dieser Entscheidung kommen auch die Schlagworte vor, die in der späteren Erörterung eine große Rolle gespielt haben; das Reichsgericht spricht von einer Abwälzung des Risikos auf die Aktiengesellschaft zum Nachteil der Gläubiger und daß es unter keinen Umständen gestattet werden kann, daß Aktionäre ihre Beteiligung bei der Gesellschaft in ein Gläubigerrecht umwandeln.

Das Reichsgericht hat diesen Standpunkt nicht lange aufrecht erhalten. In einer Entsch. im 68 Bd. S. 309 ist in einem Falle, in dem mit einer G. m. b. H. ein Vertrag über den Kauf eines eigenen Geschäftsanteils der G. m. b. H. abgeschlossen wurde, vom Reichsgericht festgestellt, daß die Konsequenzen eines derartigen Kaufes die Gesellschaft zu tragen habe und daß die Grundsätze, die bei der Gründung auch für die G. m. b. H. maßgebend sind, nicht zur Anwendung zu kommen haben. Das Gericht setzt sich hier in bewußten Gegensatz in der Entsch. im 62. Bd., erklärt aber, daß eine Entscheidung der vereinigten Zivilsenate nicht nötig sei, weil die genannte Entscheidung auf aktienrechtlichen Grundlagen beruhe, während hier ein Fall der G. m. b. H. vorliege.

Während also die Entsch. im 68. Bd. noch keine definitive Klärung der Sachlage ergab, da die Gegner der Ansicht sich immer darauf berufen konnten, daß für die G. m. b. H. besondere Grundsätze gelten, ist dann das Reichsgericht auf dem Wege der Abwendung von dem Standpunkt, den es in der Entsch. im 62 Bd. gehabt hatte, immer weiter fortgeschritten und hat seine Ansicht vertieft. In einer Entsch. im 71. Bd. S. 97, bei der es sich um Prospekthaftung auf Grund des Börsengesetzes gegen die Gesellschaft handelte, erklärt das Reichsgericht, daß der erkennende Senat seinen in der Entsch. Bd. 54 und 62 eingenommenen Standpunkt nochmals prüfen wolle. Diese Prüfung ergab das Resultat, daß das Gericht eine Ausdehnung des Grundsatzes von der Gründung auf weitere Fälle ablehnt; es führt aus, daß, wenn die Gesellschaft mit ihrem ursprünglichen oder erhöhten Grundkapital ins Leben getreten ist, zwar das Gesetz verbiete, daß durch Vereinbarungen zwischen den Aktionären und der Gesellschaft eine Rückzahlung der Einlagen erfolge, daß aber der Gesetzgeber keine Vorsorge dagegen treffen könne, daß die Aktiengesellschaft bei ihrer Betätigung im Verkehrsleben keine Einbuße an ihrem Grundkapital erleide. Es wird daher grundsätzlich festgestellt, daß ein Schadensersatzanspruch des Aktionärs auf Grund des § 43 des Börsengesetzes gegen die Aktiengesellschaft, die für den Prospekt verantwortlich sei, bestehe.

In dem 77. Bd. der Entsch. sind zwei Urteile veröffentlicht, die zwar zur Abweisung der Klage führten, aber die oben dargestellten Grundsätze bekräftigten. In dem einen Falle Bd. 77 S. 12 hat ein Aktionär der Gesellschaft ihre eigenen Aktien verpfändet; er behauptete deren Entwertung und verlangte Schadensersatz. Hier erklärt das Reichsgericht wieder, daß zwischen Aktionär und der Gesellschaft ein Gläubigerverhältnis an sich bestehen könne, daß aber eine Haftung der Gesellschaft dem Aktionär gegenüber dahin, daß die Aktien entwertet wären, als solche nicht bestände und § 213 widerspreche. Das Reichsgericht hebt ausdrücklich hervor, daß hierdurch die Grundsätze, die in der Entsch. Bd. 68 und Bd. 71 ausgesprochen seien, nicht berührt würden.

In der zweiten Entsch. Bd. 77 S. 71 handelte es sich darum, daß die Aktiengesellschaft sich verpflichtet hatte, ihren Aktionären die Aktien unter gewissen Bedingungen abzunehmen. Das Reichsgericht hält eine solche Vereinbarung auf Grund des § 213 für unzulässig, da hierin eine Verpflichtung zur Zurückzahlung der Einlage enthalten sei. Dagegen hat es dann in der Entsch. im 76. Bd. S. 310 eine Vereinbarung des Rückkaufs für zulässig erachtet, wenn die Rückzahlung des Wertes der Anteile nicht als Zahlung auf das Grundkapital geleistet, sondern von dem Gesellschafter als Käufer des Anteils geltend gemacht wird.

In weiteren neueren Entscheidungen hat das Reichsgericht seine Grundsätze weiter ausgebaut. In einer Entsch. im 87 Bd. S. 339

erklärt das Gericht in einem Falle, in welchem die Gesellschaft eigene Aktien verkauft und sich dem Käufer gegenüber zur Rücknahme zu einem bestimmten Kurse verpflichtet hatte, daß unterschieden werden müsse, ob das Versprechen dem Aktionär bei der Gründung oder Kapitalserhöhung erteilt sei oder ob es einem Umsatzgeschäft als Bestandteil angehöre; in letzterem Falle greife § 213 nicht Platz und die Gesellschaft sei aus ihrer Einlösungsgarantie verantwortlich.

Endlich sagt sich das Reichsgericht in der Entsch. Bd. 88 S. 188 ausdrücklich von dem Bd. 54 und 68 vertretenen Standpunkte los, indem es erklärt, daß es seine Ansichten „berichtige"; es bestätigt dies in einer Entscheidung im selben Bande S. 271. In dieser letzteren Entscheidung setzt es sich mit den Simonschen Angriffen auseinander und schließt sich dem Breitschen Argument an, daß wirtschaftliche Gesichtspunkte gegenüber klaren Rechtsgrundsätzen nicht in Betracht kämen. Simon hatte in seinem oben angeführten Aufsatz in der Leipziger Zeitschrift in einer groß angelegten Studie den Standpunkt des Reichsgerichts angegriffen. Er hat insbesondere auf die wirtschaftlichen Folgen hingewiesen; wenn man die Ansicht des Reichsgerichts teile, so wäre die Aktiengesellschaft ihren Aktionären haftbar für alle Verfehlungen des Vorstandes, insbesondere, wenn derselbe falsche Bilanzen gemacht hätte, wenn im Prospekt Unrichtigkeiten enthalten seien usw. Die Aktionäre verwandelten sich dadurch in Gläubiger und es sei unmöglich, eine notleidende Aktiengesellschaft zu sanieren, da man ja nicht wissen könne, wieviel Aktionäre danach Gläubigerrechte gegen die Gesellschaft hätten. Der Gesetzgeber müsse dafür Sorge tragen, daß ein Aktionär weder direkt noch indirekt zum Nachteil der Gläubiger etwas aus der Kasse erhalte, wodurch ein Risiko des Aktionärs zum Nachteil der Gläubiger beseitigt oder gemindert werde; dafür habe der Gesetzgeber aber in § 213 gesorgt. Er kommt zu dem Schlusse, daß, wenn der Unterschied zwischen Aktionär und Gläubiger verwischt werde, dadurch eine Grundlage des gesamten Aktienwesens fortfalle.

Schon Breit hat in seinem Aufsatze in der Leipziger Zeitschrift von 1913 S. 337 diesen Standpunkt eingehend widerlegt; er führt mit Recht aus, daß, so sehr bei der Rechtsfindung wirtschaftliche Interessen mitsprechen müssen, wir jeden Boden unter den Füßen verlieren würden, wenn wir Ansprüche, die im Wortlaut des Gesetzes begründet seien und deren Anerkennung der Gerechtigkeit und Billigkeit entspreche, lediglich deswegen nicht anerkennen wollten, weil der Schuldner durch ihre Anerkennung in finanzielle Schwierigkeiten geraten würde und die Gefahr bestehe, daß die gefährdete Lage des Schuldners weitere Kreise in Mitleidenschaft ziehe.

Diesen Ausführungen hat sich das Reichsgericht angeschlossen und damit Grundsätze gebilligt, die nicht nur für diesen Fall von weittragender Bedeutung sind.

So ist also heute die Praxis des höchsten Gerichtshofes eine feststehende. Man gewinnt aus der hier gegebenen Übersicht, die die wichtigsten für diese Frage ergangenen Entscheidungen bringt, den Eindruck, daß das Reichsgericht, als zum ersten Male die Frage herantrat, ob der wesentlich von dem Reichsgericht selbst ins Leben gerufene Grundsatz der Unzerstörbarkeit des Grundkapitals durch Anfechtung oder Schadensersatzansprüche der Gründer auch auf Fälle auszudehnen sei, die mit der Gründung nichts zu tun haben, sich nicht vollständig klar über alle Folgen war, die eine solche Ausdehnung haben würde; es hat sich aber schnell berichtigt und nunmehr an dem so gewonnenen Standpunkte allen Einwendungen gegenüber festgehalten.

Das Resultat entspricht dem Rechtsempfinden; das Reichsgericht hat hier im besten Sinne rechtsschöpferisch gewirkt. Es hat zunächst nicht contra, nicht präter legem, sondern ex lege auf Grund eines aus den Einzelbestimmungen des Gesetzes, besonders § 186, 195 Abs. 2, 202 bis 208, 213, 221 gefolgerten Grundprinzips des Aktienrechts, daß das bei der Gründung als vorhanden bekanntgegebene Grundkapital unberührt vorhanden sein müsse und nicht geschmälert werden dürfe, die Folgerung gezogen, daß zivilrechtliche Normen über Anfechtung und Schadensersatz, soweit sie gegen die Gesellschaft gerichtet seien, zurückstehen müßten. Es hat aber dann, als man versuchte, anscheinend gleichliegende Fälle dem gefundenen Grundsatze unterzuordnen, nach einem kleinen Schritt vom Wege, Halt geboten; klar hat es ausgesprochen, daß der Rechtsstandpunkt maßgebend sei und daß einem Rechtssatze gegenüber, gleichviel ob ihn das Gesetz ausdrücklich aufstelle oder ob er aus Folgerungen aus grundlegenden Prinzipien gefunden sei, wirtschaftliche Gesichtspunkte nicht zu berücksichtigen seien.

Der Standpunkt des höchsten Gerichtshofes entspricht strengster juristischer Logik und ist gerade für die Auslegung des Aktienrechts, bei dem die Praxis geneigt ist, je nach dem Standpunkte, den der Beurteiler einnimmt, die wirtschaftliche Zweckmäßigkeit in erster Linie als entscheidend zu erachten, als vorbildlich anzusehen.

II. Eine weitere Vorschrift, die der § 213 enthält, ist die, daß die Aktionäre nur Anspruch auf Reingewinn haben, soweit dieser nicht nach dem Gesetz oder dem Gesellschaftsvertrage von der Verteilung ausgeschlossen sei.

Diese Vorschrift bestimmt das Dividendenrecht der Aktionäre. An sie knüpft sich die Frage, welche Natur das Dividendenrecht hat und inwieweit die Generalversammlung das Recht der Aktionäre durch Rücklagen oder Abschreibungen oder durch den im Vortrag liegenden Ausschluß von der Verteilung schmälern kann (vgl. hierüber nächsten Aufsatz).

In neuester Zeit hat sich ein Streit über eine Einzelfrage entsponnen. Es ist die Frage, ob der Aufsichtsrat berechtigt ist, Abschreibungen und Rücklagen mit bindender Kraft, also ohne Befugnis der Generalversammlung zur Änderung festzusetzen. Diese Frage ist bisher mit einigen Worten in den Kommentaren, und zwar überwiegend dahin behandelt worden, daß eine solche Befugnis nicht erteilt werden kann, hat aber, soweit bekannt, zu Differenzen und Prozessen nicht geführt.

Anschließend an die bekannte Essersche Normalsatzung, die eine derartige Bestimmung enthält, haben verschiedene, insbesondere größere Industriegesellschaften in ihre Satzung eine Bestimmung etwa folgenden Inhalts aufgenommen: „Abschreibungen und Rücklagen werden vom Aufsichtsrat festgesetzt.“ Von Beanstandungen des Registerrichters ist nichts bekanntgeworden.

Jetzt, nachdem die Frage der stillen Reserven durch die im Kriege erfolgte wirtschaftliche Umwälzung und die erzielten hohen Gewinne eine ungeahnte praktische Bedeutung bekommen hat, ist auch diese Frage von neuem in die Erörterung gezogen worden. Sie hat in einem Aufsatze von Professor Flechtheim (Bankarch. Nr. 20 von 1917) eine eingehende und erschöpfende Behandlung gefunden. Flechtheim kommt zu dem Resultat, daß die Übertragung der Feststellung von Abschreibungen und Reserven auf den Aufsichtsrat satzungsmäßig zulässig sei. Er geht davon aus, daß allerdings gemäß § 260 HGB.

die Generalversammlung über die Jahresbilanz zu beschließen habe, daß aber die Generalversammlung bei dieser Beschlußfassung sachlichen Beschränkungen unterworfen sei; nach § 213 aber haben die Aktionäre nur einen Anspruch auf den Reingewinn, soweit dieser nicht nach dem Gesetz oder dem Gesellschaftsvertrage von der Verteilung ausgeschlossen sei. Ebenso also wie die Satzung bestimmen dürfe, daß bestimmte Abschreibungen gemacht werden müssen, könne sie auch bestimmen, daß über die Höhe dieser Abschreibungen der Aufsichtsrat zu beschließen habe. Er führt ferner aus, daß das gleiche Ergebnis auf einem Umwege erreicht werden könne: Nach § 251 HGB. könne die Satzung für Beschlüsse der Generalversammlung eine qualifizierte Stimmenmehrheit vorschreiben, sie könne z. B. also auch bestimmen, daß, wenn die Versammlung von den Vorschlägen der Verwaltung abweichen wolle, eine Dreiviertelmehrheit nötig sei. Dies käme praktisch auf dasselbe Resultat heraus, als wenn die Generalversammlung an die Feststellung des Aufsichtsrats gebunden sei. Es wäre ein Formalismus, wenn man den Umweg zulassen, den geraden Weg aber verbieten wolle.

Der Zweck der bezeichneten Vorschrift ist klar. Es soll der Verwaltung eine größere Freiheit gegeben werden, Abschreibungen und Rücklagen festzusetzen, und sie soll durch diese Bestimmung vor Anfechtung von Einzelaktionären oder Aktionärminderheiten geschützt sein. Praktisch würde eine solche Bestimmung dazu dienen, die stillen Reserven der Aktiengesellschaft vor Anfechtungen zu schützen.

So sehr man nun auch an sich diesen Zweck besonders unter heutigen Verhältnissen für berechtigt erklären kann, so sehr man es für richtig erachten muß, wenn die Gesellschaften, die in der Zeit des Krieges viel verdient haben, große Teile des Gewinnes sich für die voraussichtlich mageren Jahre nach Friedensschluß reservieren, so darf man sich doch nicht dazu verleiten lassen, wegen Billigung des Zweckes von der Untersuchung abzusehen, ob der Weg, der hier gegangen wird, auch nach dem Gesetze gangbar ist.

Zunächst muß hervorgehoben werden, daß die praktische Bedeutung der Vorschrift doch wohl überschätzt wird. Es sind zwei Fälle möglich: entweder die absolute einfache Mehrheit ist mit den Bestimmungen des Aufsichtsrats nicht einverstanden, dann würde trotz der Bestimmung des Statuts die Mehrheit einfach die Bilanzgenehmigung ablehnen, und da, wenigstens nach allgemeiner Ansicht, ein ablehnender Beschluß nicht angefochten werden kann und, selbst wenn er angefochten werden könnte, die Generalversammlung nicht gezwungen werden kann, nach Aufhebung des ablehnenden Beschlusses eine Bilanz zu genehmigen, so käme trotz der statutenmäßigen Festsetzung der Abschreibungen und Rücklagen durch den Aufsichtsrat ein Bilanzbeschluß nicht zustande. Es würde also schließlich dem Aufsichtsrat nichts übrig bleiben, als sich dem Willen der Mehrheit zu fügen.

Der zweite Fall ist der, daß die Mehrheit mit der Festsetzung des Aufsichtsrats einverstanden ist. Dieser Fall liefert das allein praktische Resultat, denn hier könnte der Einzelaktionär bzw. die nach § 271 Abs. 3 nötige Minorität von 5 % des Aktienkapitals die ihr an sich nach § 271 zustehende Anfechtung nicht durchsetzen, weil die Festsetzung der Rücklagen durch den Aufsichtsrat satzungsgemäß, also keine Verletzung der Satzung ist. Es würde daher durch diese Bestimmung, falls sie gültig wäre, das Anfechtungsrecht der Aktionärminderheit nach § 271 hinfällig.

Zu bemerken ist im übrigen noch, daß einer Dreiviertelmehrheit gegenüber die bezeichnete Satzungsbeestimmung ohne Wirkung ist. Wenn eine Dreiviertelmehrheit nicht mit den Festsetzungen des Aufsichtsrats einverstanden ist, dann kann sie nach ihrer Wahl entweder dse Satzung ändern oder den Aufsichtsrat absetzen und so die Festsetzung der Rücklagen nach ihrem Ermessen vornehmen.

Demnach kommt man zu dem Schlusse, daß die Vorschrift, falls sie gültig ist, unwirksam ist gegenüber einer Dreiviertelmehrheit, unwirksam ferner gegenüber der einfachen Mehrheit, die die Bilanzgenehmigung verweigern kann, wirksam nur, falls die Mehrheit die Bilanz beschließt, da in diesem Falle die Anfechtungsmöglichkeit ausgeschlossen ist.

Für die Frage, ob die bezeichnete Vorschrift nach dem Gesetze gültig ist, kommt in erster Linie § 260 HGB. in Betracht. Der Vorstand hat gemäß dieser Bestimmung die Bilanz dem Aufsichtsrat und mit dessen Bemerkungen der Generalversammlung vorzulegen; diese beschließt über die Genehmigung der Jahresbilanz. Das Wort „Genehmigung" ist hier nicht korrekt, denn die Generalversammlung genehmigt nicht nur die Bilanz, sondern sie stellt sie fest. An sich kann, wenn man nur diese Bestimmung liest, es kaum zweifelhaft erscheinen, daß nach dem Gesetz die Generalversammlung, welche ja nach übereinstimmender Ansicht auch des RG. (Entsch. Bd. 83 S. 383) oberstes Willensorgan der Gesellschaft ist, die Bilanz festzustellen hat, d. h. daß alles, was vorher geschieht, lediglich Vorbereitungshandlungen sind und die endgültige Feststellung nicht nur der Bilanz im ganzen, sondern auch der einzelnen Posten, aus denen sich die Bilanz zusammensetzt, Sache der Beschlußfassung der Generalversammlung ist.

Nun ist demgegenüber ohne weiteres zuzugeben, daß die Generalversammlung bei ihrer Festsetzung an die gesetzlichen und satzungsmäßigen Schranken gebunden ist. Das Gesetz aber gestattet in § 213, worauf Flechtheim nach dem Vorgange von Simon für diese Frage hinweist, daß der Reingewinn durch den Gesellschaftsvertrag von der Verteilung ausgeschlossen wird. Es ist klar, was zu dieser Bestimmung geführt hat. Das Gesetz sagt, daß die Gründer in dem Gesellschaftsvertrage, der ja nur durch Einstimmigkeit zustande kommen kann, über die Verteilung des Reingewinns bestimmen können, was sie für richtig halten, und daß ihnen, die den Willen der Aktiengesellschaft verkörpern, niemand vorschreiben soll, was sie über den Gewinn vereinbaren wollen. Durch die Auslegung, die diese Bestimmung der Satzung den Regeln über Satzungsänderungen unterwirft und ein Sonderrecht auf nicht festgestellten Reingewinn nicht anerkennt, ist der Grundsatz dahin erweitert worden, daß jederzeit die Dreiviertelmehrheit oder, falls die Satzung für Satzungsänderungen eine andere Mehrheit vorsieht, diese die Gewinnverteilung ebenfalls beschränken kann. Selbstverständlich ist aber diese hier zugelassene Bestimmung der Satzung insoweit beschränkt, als zwingende Vorschriften des Gesetzes entgegenstehen.

Es fragt sich, ob diese Beschränkung in der Weise geschehen kann, daß der Gesellschaftsvertrag einem Dritten, vor allem dem Aufsichtsrat, gestattet, den Reingewinn durch Vornahme von Rücklagen tatsächlich zu verkürzen.

An sich ist zuzugeben, daß die wörtliche Auslegung des Gesetzes nicht unbedingt gegen diese Annahme spricht. Eine Ausschließung von der Verteilung in der Satzung kann an sich dadurch geschehen, daß die Satzung bestimmte Rücklagen festsetzt; sie kann aber auch in der Weise geschehen, daß ein Dritter ermächtigt wird, selbständig Rücklagen festzusetzen.

Auch für die Gesetze aber gilt, daß die wörtliche Auslegung nicht unbedingt entscheidet; man hat nach Sinn und Zusammenhang zu forschen. Zunächst muß nun darauf hingewiesen werden, daß es ein großer Unterschied ist zwischen bestimmten Normen, die die Satzung aufstellt und der Überweisung der Befugnisse an einen Dritten. In ersterem Falle weiß jeder, der sich an einer Aktiengesellschaft beteiligt, nach welchen Grundsätzen der Gewinn verteilt wird; in letzterem Falle hängt es von dem subjektiven Belieben des Dritten ab, ob er verteilen will oder nicht. Im ersteren Falle ist jede Willkür ausgeschlossen, im zweiten Falle nicht, wenigstens nur bis zur Grenze des § 138 BGB., der nur in Ausnahmefällen zur Anwendung kommen dürfte.

Zu bedenken ist ferner, daß, wenn man den § 213 im Flechtheimschen Sinne auslegt, es auch für zulässig erklärt werden muß, in der Satzung zu bestimmen, daß der Aufsichtsrat berechtigt sein soll, die Höhe der Dividende festzusetzen oder zu beschränken, eine Folgerung, die übrigens Simon ausdrücklich zieht; ferner aber auch, daß man das Recht der Festlegung von Rücklagen und Abschreibungen ebensogut irgendeinem beliebigen Dritten geben könnte, da nicht ersichtlich wäre, warum man nur dem Aufsichtsrat derartige Befugnisse übertragen könnte. Schon eine derartige, nach der bezeichneten Ansicht unzweifelhafte Ausdehnung der Bestimmung des § 213 zeigt, zu welchen Folgerungen die Ansicht führt.

Diese Auslegung widerspricht aber auch dem Sinne des Gesetzes und Grundbegriffen des Aktienrechts. Gibt man der Satzung die Befugnis, dritte Personen jeweilig über die Höhe der Abschreibungen und Rücklagen entscheiden zu lassen, dann entzieht man materiell der Generalversammlung das ihr nach § 260 zustehende Recht. An ihre Stelle tritt für diese Fragen dann die dritte Person; auch dies würde die Ausdehnung für bedenklich erscheinen lassen.

Durchgreifend aber erscheint ein anderer Gedankengang. Wie oben nachgewiesen, bedeutet die Anerkennung der Flechtheimschen Auffassung, daß die Anfechtung über die Höhe der Abschreibungen und Rücklagen ausgeschlossen ist, wenn dem Aufsichtsrat das Recht gegeben ist, diese festzusetzen. Nun ist das Anfechtungsrecht aus § 271, das jedem Aktionär zusteht, die magna Charta des Aktienrechts. Es war unter der Herrschaft des alten HGB. streitig (Staub Anm. 6 zu § 261), ob diese Anfechtung sich auch auf Anordnungen von Abschreibungen oder Rücklagen über das gebotene Maß hinaus erstreckte. Das neue HGB. nahm nun in Abs. 3 des § 271 eine Vorschrift auf, daß eine derartige Anfechtung nur Aktionären zusteht, die 5 % des Aktienkapitals repräsentieren. Diese Vorschrift hat eine negative Bedeutung dahin, daß in solchen Fällen Aktionäre, die nicht 5 % haben, nicht anfechten können; sie hat aber auch die sehr wesentliche positive Bedeutung, daß Aktionäre mit 5 % des Aktienkapitals Abschreibungen und Rücklagen anzufechten befugt sind, so daß damit der 5prozentigen Minderheit das Anfechtungsrecht gegeben ist. Neben dieser neuen Bestimmung ist § 213 unverändert stehen geblieben. Es besteht also daneben die Bestimmung, daß die Satzung den Reingewinn von der Verteilung ausschließen, also auch bestimmte Rücklagen festsetzen kann. Soweit man den Paragraphen nur dahin auslegt, daß diese Ausschließung des Reingewinns von der Verteilung durch positive Bestimmungen der Satzung erfolgen kann, ist sie mit § 271 zu vereinbaren, denn § 271 sagt ausdrücklich, daß die Anfechtung nur insoweit zulässig ist, als das nach dem Gesellschaftsvertrage statthafte Maß der Abschreibungen überschritten ist. Dehnt man aber die Vorschrift des § 213 dahin aus, daß der Aufsichtsrat oder irgendein anderer das Recht haben soll, rechtskräftig Abschreibungen und Rücklagen festzusetzen, dann läge ein nicht zu vereinbarender Widerspruch mit § 271 vor, weil dort das Anfechtungsrecht gegeben ist, soweit das nach dem Gesellschaftsvertrage statthafte Maß überschritten ist, nicht aber soweit Dritte auch auf Grund des Gesellschaftsvertrages Abschreibungen und Rücklagen festgesetzt haben. Man würde also durch eine derartige Auslegung der Minderheit des § 271 die Möglichkeit entziehen, ihr zustehendes Recht auszuüben. Der Allgewalt der Satzung steht also hier die zweifellos zwingende Vorschrift des § 271 entgegen, welch letztere den Vorrang vor der allgemeinen Vorschrift des § 213 hat.

Auch der Hinweis Flechtheims, daß man die Vorschrift dadurch umgehen könne, daß man in der Satzung bestimmt, daß ein Abgehen von dem Vorschlage der Verwaltung Dreiviertelmehrheit verlangt, ist nicht stichhaltig. Zunächst wäre der Umstand, daß man eine Vorschrift umgehen kann, noch kein zwingender Beweis dafür, daß die

Vorschrift anders ausgelegt werden müsse. Es gibt genug Beispiele, nach denen gewisse Umgehungen von Vorschriften für statthaft erklärt werden und selbst an der Gültigkeit der Vorschrift nicht gezweifelt wird.

Im übrigen liegt aber dieser sogenannte Umgehungsfall ganz anders. Wenn in der Satzung bestimmt ist, daß der Beschluß der Generalversammlung unbedingt oder unter gewissen Bedingungen nur mit Dreiviertelmehrheit zulässig ist — ob dies bei Bilanzgenehmigungsbeschlüssen zulässig ist oder nicht, mag dahingestellt bleiben (Horrwitz, Generalversammlungen S. 63) —, so würde einer derartigen satzungsgemäßen Bestimmung gegenüber das Anfechtungsrecht aus § 271 nicht beschränkt sein, denn für dieses Anfechtungsrecht ist es gleichgültig, mit welcher Mehrheit die Beschlüsse der Generalversammlung gefaßt sind. Wenn also z. B. die Generalversammlung, nachdem der Aufsichtsrat eine Rücklage von 10 % vorgeschlagen hat, zwar mit Mehrheit dies ablehnt, aber nicht mit der nach der Satzung nötigen Dreiviertelmehrheit, dann könnte trotzdem jeder Aktionär diese Rücklage anfechten, da hier in der satzungsgemäßen Bestimmung sicherlich kein definitiver Akt der Festsetzung liegt, vielmehr die Festsetzung durch die Gesellschafterversammlung stattgefunden hat. Im übrigen erscheint diese Umgehung praktisch recht bedeutungslos, denn wenn die einfache Mehrheit den Vorschlägen des Aufsichtsrats nicht zustimmen will, so braucht sie einfach die Bilanz als Ganzes nicht zu genehmigen und fällt damit auch die vom Aufsichtsrat vorgeschlagene Rücklage.

Ich komme demnach zu dem Resultat, daß in der Satzung nicht bestimmt werden darf, daß der Aufsichtsrat Abschreibungen und Reserven selbständig festsetzt, da eine derartige Bestimmung das durch das Gesetz geschützte Minderheitsrecht auf Anfechtung aus § 271 beschränkt.

Inwieweit materiell das Anfechtungsrecht gegen zu hohe Abschreibungen und Reserven geht, wird im nächsten Aufsatz dargelegt.

Reserven.

Begrifflich erfordert die Kapitalgesellschaft eine periodische Rechnungslegung, die Bilanz. Diese soll einesteils den Gesellschaftern als Rechenschaftsbericht dienen, anderenteils soll sie den Reingewinn, den Überschuß der Aktiven über die Passiven, ausweisen, der nach den Vorschriften des Gesetzes oder des Gesellschaftsvertrages ausgeschüttet werden soll. Um diesen Funktionen gerecht zu werden, müssen die einzelnen Posten der Bilanz, die Aktiven sowohl wie die Passiven bewertet, d. h. in Geld umgerechnet werden; alle Einzelposten der Bilanz sind daher Geldposten. Die Hauptschwierigkeit bei der Aufstellung der Bilanz ist diese Bewertung. Es gibt keine absolut richtig festzustellenden Wertansätze, denn in der Wertberechnung der Aktiven liegt nicht nur die Berechnung der für den einzelnen Posten aufgewendeten Summe von Geld und Arbeit, sondern auch die Berücksichtigung der Verwertungsmöglichkeit in der Zukunft mit all ihren Zufälligkeiten und Möglichkeiten; bei dem Werte der Forderungen muß ihre Eintreibbarkeit berücksichtigt werden usw. Mehr oder weniger wird daher jede Bewertung eine Schätzung sein, die vielfach von ganz anderen Umständen abhängt als von dem Herstellungs- oder Erwerbspreis des einzelnen Artikels. Dazu kommt, daß die Werte nicht dauernd gleichbleiben; die Maschinen, Inventar usw. nutzen sich ab, die Waren werden minderwertig, die Forderungen unsicher. Wenn daher § 40 HGB., der auch für die Aktiengesellschaften gilt, als Grundsatz aufstellt, daß die einzelnen Posten der Bilanz nach ihrem Werte anzusetzen sind, so ist damit in Wirklichkeit nur ein Rahmen gegeben. Was als wahrer Wert anzusehen ist, bestimmt das Gesetz nicht; dies ist eine kaufmännische, nach ökonomischen Grundsätzen zu entscheidende Frage.

Von der Art, in der die Aktiengesellschaften diese Frage entscheiden, hängt ihr Gedeihen mit ab. Wird die Bilanz weitherzig aufgestellt, auf Wertverminderungen wenig Rücksicht genommen, mehr die Chancen als die Risiken in Rechnung gestellt, so kann zwar eine höhere Dividende ausgeschüttet und damit der Anschein glänzender Entwicklung des Unternehmens gegeben werden; es fehlt dann aber der innere Halt, und wenn sich die angestellte Berechnung als unrichtig erweist, wenn Risiken, die nicht berücksichtigt sind, eintreten, so kann der Ruin des Unternehmens die Folge sein. Beispiele genug hierfür sind vorhanden. Wird dagegen vorsichtig bilanziert und nach Maßgabe kaufmännischer Sorgfalt alles berücksichtigt, was in Zukunft eintreten kann, so wird der auszuschüttende Gewinnanteil vielleicht kleiner, das Unternehmen aber in sich gefestigter. Demnach ist die Frage der Wertermittlung in der Bilanz von vitaler Bedeutung für die Gesellschaft selbst.

Eine Art, wie man bilanztechnisch die Werte berichtigt, ist die der offenen oder stillen Reserven, die sich dadurch voneinander unterscheiden, daß die ersteren in der Bilanz erkennbar gemacht sind, die letzteren nicht. Es werden entweder die Aktiven, z. B. die Forderungen voll angesetzt und im Passivum ein Gegenposten gebucht, der die Chancen und Risiken der Verwertung oder Beitreibung ausdrückt, oder es wird der rechnerisch errechnete Wert um einen bestimmten Betrag niedriger angesetzt.

Das Gesetz zwingt die Gesellschaften zu einer offenen Reserve, dem im § 262 näher dargelegten sogenannten Reservefonds; es enthält ferner durch die Vorschrift, daß das Aktienkapital unter den Passiven zu buchen ist, die Bildung einer weiteren offenen Reserve in Höhe dieses Kapitals, denn hierdurch wird für einen diesem Kapital gleichen Wertbetrag die Verteilung ausgeschlossen. Eine gesetzliche stille Reserve enthält die Vorschrift des § 261, nach der Wertgegenstände höchstens zum Anschaffungs- oder Herstellungspreise angesetzt werden dürfen, wodurch also in Abänderung des § 40 zwingend bestimmt wird, daß ein etwaiger höherer Verkaufswert nicht eingesetzt werden darf. Es dürfen also mit anderen Worten in den Aktiven liegende, nicht realisierte Gewinne nicht verteilt werden.

Außer diesen Gesetzesbestimmungen enthält das Gesetz Vorschriften über die zwangsweise Bildung von Reserven nicht; über die Bildung sonstiger Reserven, also der freiwilligen Reservefonds, bestimmt es überhaupt nichts.

Je mehr sich die großen Gesellschaften gezwungen sahen, nicht auf Augenblickserfolge in Gestalt glänzender Dividenden, sondern auf innere Konsolidierung ihrer Unternehmungen Gewicht zu legen, desto heftiger wurde der Streit um die Berechtigung von Reservestellungen. Es steht sich hier auf der einen Seite der Einzelaktionär, der aus seiner Aktie eine möglichst hohe Dividende und damit, da der Kurs sich im allgemeinen – wenn auch durchaus nicht immer – nach der Dividende richtet, eine möglichst gute Verkaufsmöglichkeit der Aktie erlangen will, auf der anderen Seite die Gesamtheit der Daueraktionäre gegenüber, denen weniger an Augenblickserfolgen als an dauernder, wenn auch geringerer Rente gelegen ist. Die Verwaltung, die ja grundsätzlich von der Mehrheit gewählt ist, wird meist deren Anweisungen folgen, wenn auch in unbegreiflicher Verkennung der Interessen der Gesellschaft, wie sie heute bei tieferer Einsicht in das Wesen der Aktiengesellschaften kaum denkbar wäre, der Reichstag durch seine verunglückte Schöpfung der §§ 237, 245 dem Vorstand die Berechnung der Tantiemen von den Reserven verboten, sie also geradezu darauf hingedrängt hat, von Reservestellungen abzusehen.

Die Stellung von Reserven hat im Kriege eine weitgehende, in ihrer Wirkung gar nicht zu überschätzende Bedeutung erhalten. Man kann ohne Übertreibung sagen, daß nur die Reserven, die die großen Gesellschaften aufgehäuft haben, es möglich gemacht haben, daß unsere Industrie sich den Erfordernissen des Weltkrieges so schnell anpassen, daß sie sich in so vollendeter Weise auf den Krieg einstellen konnte. Ebenso aber muß man sagen, daß die Gesellschaften recht daran tun, von den Gewinnen, die ihnen der Krieg bringt, einen großen Teil von der Verteilung auszuschließen und für den Übergang in die Friedenswirtschaft zurückzustellen; denn es harrt ihrer für den Frieden eine ungeheure Aufgabe. Die staatlichen Aufträge werden sich vermindern und für einen großen Teil der Gesellschaften ganz aufhören; diese werden daher wieder darauf angewiesen sein, sich ihren früheren Zwecken zuzuwenden. Die Hoffnung der Gesundung unserer wirtschaftlichen Verhältnisse ruht darauf, daß die deutsche Industrie ihre Aufgaben wie vor dem Kriege erfüllt, den Bedarf des Inlandes befriedigt und die ihr jetzt verstellten Wege in das Ausland wieder finden wird. Wie zu jedem Kampfe aber gehört auch zum Wirtschaftskriege ein Kriegsschatz; diesen sammeln die Gesellschaften durch ihre Reserven.

Bei der Diskussion über die Streitfrage, inwiefern die Bildung von Reserven zulässig bzw. inwieweit sie anfechtbar ist, sind zwei Richtungen zu unterscheiden. Es steht die formale Jurisprudenz der wirtschaftlichen Anschauung gegenüber. Die erstere vertritt Rosendorff (Die stillen Reserven der Aktiengesellschaft, Berlin, Franz Vahlen). Dieser kommt zu dem Resultat, daß, soweit der Gesellschaftsvertrag keine gegenteiligen Bestimmungen enthält, Unterbewertungen in Form von Abschreibungen und Rücklagen nicht statthaft sind und daß eine ohne statutarische Ermächtigung angeordnete Unterbewertung immer dann als willkürlich anzusehen ist und angefochten werden kann, wenn die Generalversammlung die Aktiven absichtlich unter ihrem Werte in die Bilanz einstellt, selbst wenn sie damit eine Stärkung des Unternehmens beabsichtigt.

Einen diametral entgegengesetzten Standpunkt nimmt Dr. Rathenau (Vom Aktienwesen, Berlin, S. Fischer) ein. Für ihn ist entscheidend lediglich das pflichtmäßige Ermessen der Verwaltung bzw. der Mehrheit; die Rechte der Einzelaktionäre sollen demgegenüber überhaupt nicht in Betracht kommen. Daß die „Rechtslehrer und Publizisten", die im Verein mit kleinen Aktionären und Unbeteiligten der Verwaltung in den Arm fallen wollen, sich hierbei auf „Handelsrechtsparagraphen" stützen können, gibt er zu; aber nach seiner Lehre von der Substitution des Grundes sieht er die Gesetze nach dem Goetheworte an: „Vernunft wird Unsinn, Wohltat Plage!" Nebenbei bemerkt, tut er doch wohl den Rechtslehrern und Publizisten Unrecht, wenn er ihnen vorwirft, sie wüßten nichts von der Entwicklung der gesellschaftlichen Verhältnisse und ihr Standpunkt sei ein gesellschaftsfeindlicher. Die Juristen sind heute im allgemeinen nicht mehr so weltfremd; sie fühlen sehr wohl, daß das Recht kein abstraktes Gebilde ist, sondern sich in stetem Flusse befindet und sich dem Verkehr anbequemen muß und nicht umgekehrt. Nur sind sie, wenn sie das Recht anwenden, an die „Handelsrechtsparagraphen" gebunden und nicht berechtigt, an Stelle von positiven Vorschriften des Gesetzes das ihrer Ansicht nach wirtschaftlich Richtige zu setzen.

Wir müssen also auch bei der Entscheidung der vorliegenden Frage vom Gesetz ausgehen und untersuchen, inwiefern sich die unzweifelhaft vorhandenen, gerade von Rathenau in glänzender Weise nachgewiesenen wirtschaftlichen Interessen mit dem bestehenden Recht in Einklang bringen lassen. Hierbei soll die steuerrechtliche Behandlung der Frage beiseite gelassen werden, da diese besonderen Grundsätzen unterliegt und für die aktienrechtliche Entscheidung ohne Bedeutung ist.

An sich — hierin ist Rosendorff unzweifelhaft recht zu geben — gibt das Gesetz, soweit nicht etwa der Gesellschaftsvertrag der Generalversammlung freie Hand zur Schaffung von Reserven gibt, dem Aktionär das Recht, zu hohe Reserven, gleichviel ob sie offene oder stille sind, anzufechten, es sei denn, daß diese lediglich notwendige Bewertungskorrekturen sind. Dies geht aus § 213 HGB. hervor, der dem Aktionär das Recht auf den Reingewinn, soweit er nicht nach dem Gesetz oder Gesellschaftsvertrag von der Verteilung ausgeschlossen ist, gibt. Bestätigt wurde dieser Grundsatz durch die erst bei der Abfassung des jetzt geltenden HGB. in das Gesetz neu aufgenommene Bestimmung des § 271 Abs. 3 Satz 2, durch die die Anfechtung zu hoher Abschreibungen und von Reserven, die das nach Gesetz oder Gesellschaftsvertrag statthafte Maß übersteigen, an den Besitz von 5 % des Aktienkapitals geknüpft ist. Diese Vorschrift erkennt also an sich die Anfechtbarkeit an, macht sie aber aus einem Singularrecht jedes Aktionärs zu einem Minderheitsrecht. Die Vorschrift beweist jedenfalls, daß die Reichstagskommission, die sie in das Gesetz hereinbrachte, die wirtschaftliche Bedeutung der Reserven erkannte und sie begünstigen wollte. Sie hat aber davon abgesehen, sie lediglich dem Ermessen der Mehrheit zu überlassen, hat also die Anfechtung an sich nicht beseitigt, wohl aber dadurch beschränkt, daß nur eine 5prozentige Minderheit die Anfechtung ausüben dürfe. Man nahm wohl damals an, daß sich schwer 5 % des Aktienkapitals zur Anfechtung zusammenfinden würden; es hat sich jedoch in der Praxis gezeigt, daß die Schaffung derartiger Minderheiten vielfach vorgekommen ist.

Dies ist der noch heut herrschende gesetzliche Zustand. Wie so oft aber gerade im Aktienrecht, zeigte es sich auch hier, daß die fortschreitende geschäftliche Entwicklung über das Gesetz hinausgeht und daß es der Auslegung überlassen wurde, das Gesetz mit den wirtschaftlichen Bedürfnissen in Einklang zu bringen. Bei der Abfassung des HGB. wurde und konnte nicht mit den Verhältnissen gerechnet werden, die sich durch die ungeheure Industrialisierung Deutschlands und die hierdurch hervorgerufene Entwicklung der Gesellschaften herausgebildet haben. Der Grundsatz, daß von Ausnahmen des Gesetzes, die unwesentlich sind, und der Statuten abgesehen, die Aktionäre ein Recht auf Herauszahlung des gesamten Reingewinns haben, entspricht, wie oben nachgewiesen, nicht den Verhältnissen großer und größter Industriegesellschaften.

Es gab nun, um das Gesetz mit den Bedürfnissen des Handels in Übereinstimmung zu bringen, zwei Wege. Man konnte, was das Gesetz erlaubt, in die Gesellschaftsverträge die Bestimmung hereinbringen, daß die Generalversammlung das Recht habe, beliebige Teile des Reingewinns durch Bildung von Reserven von der Verteilung auszuschließen. Dieser Weg ist vielfach gewählt; er ist aber nicht unbedenklich, weil es mißlich erscheint, für alle Zukunft und für eine gar nicht voraussehbare Entwicklung der Gesellschaft schon bei der Gründung eine derartige Macht in die Hände der Mehrheit zu legen. Man konnte aber auch versuchen, in dem Gesetz selbst eine Handhabe zu finden, die die Bildung angemessener Reserven auch von der nach § 271 beschränkten Anfechtung befreit.

Diesen letzteren Weg ist die Auslegung durch Wissenschaft und Praxis geschritten. Es ist sehr interessant, die einzelnen Stationen dieses Weges bei Staub, dessen Kommentar ja stets ein lebendiges Spiegelbild der Praxis war, zu verfolgen. In der 5. Auflage, der letzten vor dem Erlaß des neuen HGB., sagt er in Anm. § 5 zu § 239b:

> „Wenn der Generalversammlung durch Statut nicht freigestellt wird, nach Gutdünken über die Verteilung des Gewinns zu verfahren, so muß sie nach gesetzlicher Vorschrift verfahren, sonst verfährt sie ungesetzlich und ihr Beschluß unterliegt der Anfechtung."

Hier ist also der Grundsatz noch ohne jede Einschränkung aufgestellt.

In der 6./7. Auflage (1900), der letzten vor Staubs Tod, ist ausgeführt:

> „Ein Aktionär könne die Forderung einer höheren Dividende nicht einfach dadurch begründen, daß er die Bewertung eines Kontos unter Berufung auf Gutachten von Sachverständigen für unangemessen ansehe; die Bewertung nach freiem Ermessen sei Sache der Generalversammlung, und solange ihre Ansätze, wenn man auch über ihre objektive Richtigkeit streiten könne, das Maß vernünftiger Erwägungen nicht verlassen habe, sei das Gesetz nicht verletzt."

Bezeichnenderweise wird in einer Anmerkung unter dem Text hinzugefügt, daß die Anfechtung zu geringer Werte im Aktienverkehr nicht üblich sei. Hinzugefügt wird: „Solche Minderbewertungen bilden den Stolz der Aktiengesellschaften."

Man merkt, wie hier der Jurist Staub, der sich durch das Gesetz gebunden fühlt, mit dem Praktiker, der die Bedürfnisse des praktischen Lebens erfaßt, in Differenzen gerät und wie er sich tastend bemüht, einen Ausweg zu finden.

Die Rechtsprechung des Reichsgerichts hat sich in nicht allzu vielen Fällen mit der vorliegenden Frage beschäftigt — ein Beweis übrigens, daß die Gefahr der Niederwerfung der Mehrheit durch die Minderheit eine nicht allzu große ist, und daß vernünftigen Wertherabsetzungen der Verwaltung auch die Minderheit im allgemeinen verständnisvoll gegenübersteht. Der höchste Gerichtshof hat sich im allgemeinen einer freieren Auslegung der Gesetzesbestimmungen, die den Bedürfnissen des Verkehrs sich anpaßt, zugewendet. In mehreren Entscheidungen (besonders Bd. 32 S. 52, Bd. 40 S. 32, Bd. 43 S. 127, Bd. 72 S. 38) stellt er zwar an sich das Anfechtungsrecht als unzweifelhaft hin, erklärt aber, daß die Anfechtung nur zulässig sei, wenn die Minderbewertung oder die Schaffung von Reserven auf Böswilligkeit, Willkürlichkeit oder offenbarem Irrtum beruhe. Mehrfach (besonders Bd. 72 S. 38) ist ausgeführt, daß die Generalversammlung innerhalb dieser Grenzen ein „Schätzungsrecht" habe. In einer neueren Entscheidung vom November 1916 (Leipziger Zeitschrift von 1917 S. 394 Nr. 16) führt das Reichsgericht aus, daß eine unbewußte Minderbewertung, beruhend auf einer von der Mehrheit nach pflichtmäßigem Ermessen vorgenommenen Abschätzung, nicht gegen das Gesetz verstoße, es sei denn, daß Willkür vorliege.

Wenn man demnach den in Wissenschaft und Praxis heut festgehaltenen Standpunkt dahin feststellt, daß Minderbewertungen und Abschreibungen insoweit unanfechtbar sind, als sie nicht als böswillig oder willkürlich anzusehen sind, so ist damit an sich noch nicht viel gewonnen. Es kommt, wenn man von dem selten vorkommenden Fall der Böswilligkeit absieht, darauf an, wie man das Wort „willkürlich" auslegt. Rosendorff will dies dahin erläutert wissen, daß Willkürlichkeit dann vorliegt, wenn die Generalversammlung (bzw. die Verwaltung unter Billigung der Generalversammlung) sich nicht darauf beschränkt hat, die Aktiva abzuschätzen und nach dem Schätzungswerte in die Bilanz einzustellen, sondern sie zwecks Bildung eines stillen Reservefonds absichtlich unter ihrem Werte einschätzt, selbst wenn dies geschieht, um das Unternehmen zu stärken.

Es ist ihm zuzugeben, daß in der reichsgerichtlichen Rechtsprechung und aus der bisherigen Literatur vieles herangezogen werden kann, was für diese Auslegung spricht; anderseits ist nicht zu verkennen, daß damit die Bildung jeder echten Reserve bzw. jede wirkliche Unterbewertung der Anfechtung unterliegt.

Wie oben bemerkt würde aber dieser Standpunkt nicht den wirtschaftlichen Bedürfnissen entsprechen. So sehr aber auch dem zuzustimmen ist, daß gegenüber klaren Gesetzesbestimmungen wirtschaftliche Momente nicht entscheiden (vgl. RG. Bd. 88 S. 271), so muß man doch untersuchen, ob es nicht möglich ist, aus dem Gesetze selbst heraus zu einer Auslegung zu kommen, die den wirtschaftlichen Bedürfnissen Rechnung trägt.

Wenn man an sich zugibt — und dies ist besonders nach der Vorschrift des § 271 nicht zu bezweifeln —, daß die Anfechtung zu hoher Reserven seitens der Minderheit zulässig ist, wenn man ferner diese Anfechtung auf willkürliche Schätzungen beschränkt, so ist damit die rechtliche Auslegung der Gesetzesvorschriften erledigt. Die weitere Frage, wann eine Schätzung oder eine Stellung der Reserven willkürlich wird, ist — und dies scheint mir der Hauptpunkt der Erwägungen zu sein — eine wirtschaftliche. Wirtschaftliche Fragen aber entscheidet nicht die Gesetzesauslegung, sondern sie richten sich nach der jeweiligen Übung der beteiligten Kreise. Wir haben gerade in der neueren Gesetzgebung vielfach derartige allgemeine Begriffe, für deren Auslegung immer wieder auf die bei den Beteiligten herrschende Ansicht zurückzugehen ist. Was „unlauter", „nach Treu und Glauben", „Marktpreis", „übermäßiger Gewinn" usw. ist, ist nie feststehend; es ist in ewigem Flusse, und es ist eine der verdienstvollsten Aufgaben des Richters, hier die Auslegung so zu gestalten, daß sie den rechtlichen und wirtschaftlichen Bedürfnissen zugleich entspricht.

Auszugehen ist vom § 40 HGB. Da dort bestimmt ist, daß sämtliche Vermögensgegenstände nach ihrem Werte anzusetzen sind, so muß die Wertbemessung zunächst für die einzelnen Gegenstände stattfinden. Diese Wertbemessung nach unten hat ihre Grenzen. Zunächst ist es selbstverständlich, daß auf Gegenstände, die als wertlos in der Bilanz mit einer Mark angesetzt sind, nichts weiter abgeschrieben und auch Reserven auf deren Wert nicht mehr gestellt werden können. Aber auch ferner kann man, ohne das Gesetz zu beugen, nicht unter den Wert heruntergehen, den die einzelnen Objekte unter allen Umständen, also selbst für den Fall, daß ihr Verkauf schleunigst notwendig würde, haben. Wenn eine Maschine, die 1000 M. gekostet hat, auf 100 M. herabgesetzt ist und diese 100 M. den Wert des alten Eisens darstellen, der unter allen Umständen zu erzielen ist, so kann auch bei weitgehendster Auslegung des Gesetzes nicht gesagt werden, daß, wenn man auch diese 100 M. auf 1 M. abschriebe, man dann noch den Wert eingesetzt habe; es liegt dann eine zweifellose Unterbewertung vor.

Es fragt sich nun aber, ob, wenn man in einem derartigen Falle den noch verbleibenden Wert von 100 M. durch Stellung einer Reserve von 100 M. oder, was wirtschaftlich auf dasselbe herauskommt, durch Abschreibung, also durch Stellung einer stillen Reserve beseitigt, hierin unter allen Umständen eine Willkürlichkeit zu sehen ist, selbst wenn diese Reserve nötig ist, um das Unternehmen zu stärken oder auch nur lebensfähig zu gestalten.

In dieser Beziehung nun hat sich ein wirtschaftlicher Wandel der Anschauungen ergeben, hervorgerufen durch die fortschreitende Entwicklung der industriellen Betriebe. Schon das OLG. Hamburg hat in einem Erkenntnis von 1904 (OLGR. Bd. 10 S. 240) erklärt, die Regel, in guten Jahren mehr abzuschreiben, als die wirkliche Abnutzung betrüge, sei kaufmännisch üblich, und immer weiter hat sich der Staubsche Grundsatz verbreitet und vertieft, daß die Reserven der Stolz der Aktiengesellschaften seien. Man hat eben heute tiefere Einblicke in das wirtschaftliche Wesen der Aktiengesellschaften als früher; man erkennt, daß bei industriellen Unternehmungen die Schätzung der einzelnen Aktiven an sich nicht auch unbedingt in ihrer Gesamtheit und Zusammenfassung als Wertmesser des Gesamtunternehmens anzusehen ist. Dem Wert der einzelnen Gegenstände der Bilanz steht der weitere Wertbegriff des Unternehmens gegenüber. Die einzelnen Sachen dürfen nach gesetzlicher Bestimmung nicht unterbewertet werden; dagegen sind in dem weiteren Wertbegriff des Unternehmens als solchen alle diejenigen Umstände unterzubringen, die für die fernere Entwicklung des Gesamtunternehmens von Bedeutung sind. Dazu kommt, daß die Verwaltung nicht allein für das laufende Jahr zu sorgen hat, sondern ihr die Verpflichtung obliegt, das Unternehmen dauernd lebendig und gewinnbringend zu erhalten; sie muß daher auch Gefahren und Risiken bzw. künftig aufzuwendende Kosten berücksichtigen, wenn dies durch die Entwicklung der Gesellschaft geboten ist. Sie stellt eben keine Liquidationsbilanz auf, etwa in der Weise, daß das Geschäft mit dem Ende des Geschäftsjahres aufhört, sondern eine Bilanz des lebendigen und fortdauernden Unternehmens. Alles daher, was notwendig ist, um diese Zukunft nach kaufmännischem Ermessen zu sichern, ist keine Willkürlichkeit.

Man kann dies am besten jetzt in den Kriegsjahren sehen. Wenn jetzt viele Gesellschaften große Gewinne gemacht haben, so wäre es Willkür im höchsten Grade, diese restlos auszuschütten, denn einmal sind diese Gewinne hervorgegangen zum Teil aus Ausschüttungen früherer stiller Reserven, z. B. aus Verwertung des zu geringem Preise aufgenommenen Lagers; anderseits bedingen diese gewinnbringenden Jahre, z. B. durch allzu große Belastung des Maschinenmaterials, durch Ausverkauf des Lagers, durch Vernachlässigung des laufenden Geschäfts zugunsten der Kriegsaufträge usw. für die Zukunft übergroße Aufwendungen. Soweit diese wirtschaftlichen Gesichtspunkte es rechtfertigen, daß zukünftige Entwicklung, zukünftige Gefahren oder Aufwendungen berücksichtigt werden müssen, kann daher nicht nur die Verwaltung, sondern sie muß hierauf Rücksicht nehmen und Reserven schaffen, die diesen Gefahren vorbeugen. Der Wert des Gesamtunternehmens ist trotz oder zum Teil wegen der großen Gewinne der Kriegsjahre belastet mit der aus dem Wesen der lebenden Gesellschaft zu entnehmenden Verpflichtung, in Zukunft weiter zu arbeiten und sich dafür die Mittel zu sichern.

Ich komme daher zu dem Ergebnis, daß Reserven bzw. Unterbewertungen unter dem rechnerisch festzustellenden oder zu schätzenden Wert der einzelnen Posten zulässig und nicht anfechtbar sind, *soweit die Verwaltung unter Zustimmung der Generalversammlung mit der Sorgfalt eines ordentlichen Kaufmanns und nach pflichtmäßigem Ermessen zu der Ansicht kommt, daß die Reserve nötig ist, um die Gesellschaft* für die Zukunft solide und widerstandsfähig zu erhalten und sie gegen zu erwartende Gefahren oder Verluste zu stärken.

Wo dagegen derartige Gründe nicht vorhanden sind, wo die Verwaltung lediglich, um Schätze anzuhäufen oder, wie der Fachausdruck lautet, zu thesaurieren, Abschreibungen oder Rücklagen über das hier festgestellte Maß vornimmt, da verletzt sie das Recht des Aktionärs auf die ihm gesetzmäßig zustehende Dividende und ist für diesen Fall das Minderheitsanfechtungsrecht des § 271 gegeben.

Ich habe mich in einem Aufsatz im Bankarchiv vom 1. Januar 1915 mit der Frage beschäftigt, welche Einwirkung der Krieg auf die Bilanzfeststellung hat. Ich gehe in diesem Aufsatze von der bisherigen Bewertungstheorie der einzelnen Sachen aus und komme zu dem Resultat, daß die Tatsache des Krieges insoweit zu berücksichtigen ist, als es die durch den Krieg hervorgerufene Unsicherheit verlangt. Die Bewertung habe jedoch in der Weise zu geschehen, daß im allgemeinen mit der ungestörten Erhaltung des Wirtschaftsbetriebes nach erfolgtem Friedensschlusse gerechnet wird.

Diesen Standpunkt vertrete ich auch jetzt noch, nur mit der aus obigen Ausführungen sich ergebenden Maßgabe, daß die Stellung von Reesrven zulässig und insoweit nicht willkürlich ist, als die Gefahren, die die Kriegswirtschaft für die Fortdauer der Gesellschaft im Frieden hat, ausreichend berücksichtigt werden. Nur soweit darüber hinaus Reserven gestellt werden, sind sie als willkürlich zu betrachten.

Eine ganz andere Frage, wie die hier behandelte, ist die, ob es sich empfiehlt, im Wege der Gesetzgebung überhaupt das Minderheitsrecht der Aktionäre zu beseitigen. Die Verwaltung der Aktiengesellschaften steht im allgemeinen den Minderheitsrechten nicht freundlich gegenüber; sie liebt mehr den wohlwollenden Aktionär, der in schöngesetzter Rede den Dank der Gesellschafter für die vorzügliche Führung der Geschäfte ausspricht, als den Kritiker, der die Einzelheiten der Bilanz bemängelt. Hiervon darf man sich aber nicht beirren lassen. Schließlich handelt es sich doch um fremdes Vermögen, das die Gesellschaft verwaltet, und das geringste Recht, das der hat, dessen Vermögen von anderen verwaltet wird, ist das Recht auf Rechnungslegung, das begriffsgemäß auch das Recht auf Kritik einschließt. Es kann zugegeben werden, daß dies Recht zu eigennützigen, den Interessen der Gesellschaft zuwiderlaufenden Zwecken mißbraucht werden kann. Gegen diesen Mißbrauch aber schützt in gewisser Weise die Vorschrift, daß zur Anfechtung 5 % des Aktienkapitals gehören — wobei sehr wohl erwogen werden kann, ob der Prozentsatz nicht bei einer Revision des HGB. zu erhöhen wäre —, dann aber, daß das Gericht bei Anfechtungsklagen das Recht hat, Sicherheit in einer nach freiem Ermessen zu schätzenden Höhe zu verlangen, so daß also die Anfechtungsklage schwierig und kostspielig gemacht wird. Aber mag auch hier und da ein Mißbrauch vorkommen, es gibt keine menschliche Einrichtung, die nicht mißbraucht werden könnte. Dagegen aber steht das Gerechtigkeitsgefühl, das nicht dulden kann, daß die Minderheit rechtlos wird; es steht ferner dagegen der unzweifelhafte Vorteil, der auch der Gesellschaft durch das Bemängelungsrecht erwächst. Es gibt doch Fälle — und sie sind in der letzten Zeit nicht selten gewesen —, in denen die sachgemäße Kritik der Minderheit die Verwaltung zu Änderungen der Bilanz veranlaßt hat, die sich als vorteilhaft für die Gesellschaft erwiesen haben. Und vor allem, ebenso wie das Parlament bei der Regierung, der Aufsichtsrat bei der Aktiengesellschaft und — um ein treffendes Bild von Rathenau zu gebrauchen — die englische Flotte, in being, dadurch, daß sie überhaupt da ist, wirkt, auch wenn sie nichts tut, ebenso wird schon durch die Tatsache, daß eine Kritik durch Aktionäre möglicherweise erfolgen wird, die Verwaltung veranlaßt, genau zu überlegen, ob ihre Vorschläge dem Gesetz entsprechen und ob sie sie verantworten kann. Eine Tyrannis, eine unverantwortliche, unkontrollierbare Gewalt ist nicht nur im Staatengebilde, sondern auch bei der Aktiengesellschaft vom Übel.

Daß es möglich ist, eine Vereinigung der Interessen der Gesellschaft mit denen der Einzelaktionäre herbeizuführen, ist in obiger Darlegung nachzuweisen versucht. Die Grenze, wann nach den hier dargelegten Grundsätzen eine Willkürlichkeit, die zur Anfechtung berechtigt, vorliegt, wird oft schwer festzustellen sein; einer Auslegung der Gerichte, die sich nicht an den Wortlaut, sondern den Sinn der Gesetze hält, wird aber die Ausgleichung zwischen dem bestehenden und zu schützenden Rechte der Aktionärminderheit und dem Interesse der Gesellschaft auf stetige und gedeihliche Fortentwicklung gelingen.

Betrachtungen über Generalversammlungen.

Wenn ein strebsamer Referendar sich zum Assessorexamen die Vorschriften des HGB. einpaukt und hierbei zu den Bestimmungen über die Generalversammlungen kommt, so wird er mit Vergnügen feststellen, daß diese einfach, juristischen Zweifelsfragen wenig Raum bietend, und leicht zu behalten sind.

Eine Generalversammlung wird berufen, faßt in der vorgeschriebenen Form Beschlüsse, die Minderheit hat gewisse Rechte, jeder Aktionär kann protestieren und muß dann innerhalb eines Monats klagen; damit ist die Sache erledigt. Erledigt wenigstens für den Formaljuristen, für den das Recht ein würdig Pergamen, die Rechtswissenschaft die Entscheidung juristischer Streitfragen ist.

Wer aber, trotzdem er Jurist ist, sich Gefühl für das ewig wechselnde, vielgestaltige Leben bewahrt hat, für den gibt es noch andere Gesichtspunkte, unter denen er die durch das Gesetz geregelten Institute betrachtet.

Die Generalversammlung ist das Herz der Aktiengesellschaft und der Mund der Aktionäre. Sie regelt durch die Genehmigung der Bilanz die Zirkulation des in der Gesellschaft aufgespeicherten Geldes, in ihr allein haben die Aktionäre Gelegenheit, sich mit den Organen der Gesellschaft auszusprechen. Und die Aktionäre sind nicht nur Gesellschafter im gesetzlichen Sinne, sie sind Geschäftsleute und in erster Linie Menschen von Fleisch und Blut. Das Spiel der Kräfte in einer solchen Versammlung zu beobachten, zu sehen, wie in diesem Kampf der Interessen aus vom Juristen kaum der Beachtung gewürdigten gesetzlichen Vorschriften Waffen geschmiedet und unter Aufgebot aller Geisteskräfte verwendet werden, ist ein Schauspiel, das auch bei vielfacher Wiederholung nicht den Reiz verliert. Aus einer Reihe derartiger Einzelbetrachtungen heraus soll hier der Versuch gemacht werden, Vorgänge in Generalversammlungen physiologisch zu erörtern, darzulegen, wie sich die starre, logische Gesetzesvorschrift in der Praxis des Geschäftslebens in einem Kreise von Menschen bewährt, die zu einem Zweck zusammenkommen, bei dem bekanntlich die Gemütlichkeit aufhört, nämlich Rechenschaft zu fordern über Verwendung ihnen gehörigen Geldes. Auch hier wird im Kampfe das Recht gefunden.

Allerdings findet in Generalversammlungen nicht immer ein Kampf statt. Gibt die Gesellschaft ausreichend Dividende, so sind die Aktionäre, wenn sie überhaupt erscheinen, gutmütig und zahm; sie beschließen das bei der Verwaltung so beliebte: „einstimmig durch Zuruf" und gewöhnlich erhebt sich noch am Schluß ein besonders liebenswürdiger Aktionär, um der Verwaltung für die gute Führung der Geschäfte zu danken.

Garantiert ist diese Einstimmigkeit, wenn alle Aktien in einer Hand sind und eine Universalgeneralversammlung ohne Innehaltung der Formen und Fristen der Einladung stattfindet, eine Einrichtung, die das Gesetz nicht kennt, die sich aber die Praxis, jetzt auch unter Billigung des Reichsgerichts, erkämpft hat. Allerdings wollte gerade in letzter Zeit ein findiger Staatsanwalt diesen idyllischen Zustand mit rauher Hand stören.

Es hatte jemand sämtliche Aktien einer Gesellschaft erworben; er hielt allein Generalversammlungen ab, genehmigte die Bilanz, verteilte Dividende, Tantieme usw.

Ein guter Freund zeigte ihn der Staatsanwaltschaft mit der etwas merkwürdigen Motivierung an, daß, da durch die Vereinigung aller Aktien in einer Hand die Gesellschaft aufgelöst sei, die Verteilung von Dividende und Tantieme einer nicht existierenden Gesellschaft ungesetzlich, wahrscheinlich Diebstahl oder Unterschlagung sei. Noch merkwürdiger aber war, daß der Staatsanwalt ein Verfahren einleitete, Zeugen vernahm und sich Gutachten von Handelskammern usw. geben ließ. Erst letztere und der Hinweis darauf, daß sämtliche Großbanken und viele sonstigen großen Gesellschaften sich desselben Vergehens schuldig machen, veranlaßten ihn, die Sache fallen zu lassen und so kann jetzt ruhig der einzige Aktionär einstimmig alle Beschlüsse der Generalversammlung fassen, ohne sich der Gefahr auszusetzen, eingesperrt zu werden.

Entspricht der Geschäftsgang und das Erträgnis nicht den Erwartungen der Aktionäre oder sind gar schuldhafte Verfehlungen nachweisbar, dann sind die Generalversammlungen Stätten des Kampfes. Die Heerführer der Opposition und die Verteidiger der Verwaltung fallen in Worten übereinander her wie die homerischen Helden. Meist entscheidet die Macht der vertretenen Stimmen. Die Aktiengesellschaft ist nun einmal eine Mehrheitsgesellschaft; diesen Grundsatz hält insbesondere das Reichsgericht in sehr entschiedener Weise fest. Es sagt im Hiberniaprozeß: „Die in Angelegenheit der Gesellschaft mit der erforderlichen Stimmenzahl gefaßten Beschlüsse der Mehrheit sind für die Minderheit auch dann maßgebend, wenn sie dieser als verkehrt, wirtschaftlich nachteilig und die Bestrebungen der Minderheit schädigend erscheinen. Mit dieser Tatsache muß sich jeder abfinden, der Aktien erwirbt."

Macht geht auch hier vor Recht.

Diese Tatsache verlegt den Kampf im wesentlichen in die Zeit zwischen Einberufung und Versammlung. Hier gilt es, sich die Stimmen zu sichern, die zum Siege führen. Es gibt wohl noch naive Gemüter, die glauben, daß bei einer Versammlung sich die Beteiligten durch die Macht der Gründe umstimmen lassen; in Wirklichkeit steht bei Generalversammlungen, wie auch sonst in Parlamenten, mit denen sie viel Ähnlichkeit haben, das Resultat von vornherein fest; die Reden werden zum Fenster herausgehalten, an der Abstimmung ändern sie nichts, die meisten Anwesenden erscheinen mit fest bestimmter Marschroute.

Immerhin ist die Minderheit nicht völlig rechtlos.

Unser Gesetz gibt hier einzelne Rechte, die bei flüchtiger Betrachtung von geringem Wert erscheinen, in Wahrheit aber in der Hand geübter Streiter zu scharfen Waffen werden können. Natürlich muß man die Waffe zu gebrauchen wissen.

Weil nun der Fallstricke des Gesetzes viele sind, so hat sich allmählich die Vertretung der Minderheitsrechte als Beruf herausgebildet. Strebsame Leute erscheinen bewaffnet mit einer Aktie oder, wenn sie vorher in den Zeitungen sich zur unabhängigen Vertretung von Aktionären, meist kostenlos, angeboten haben, als Vertreter von Aktionärgruppen; sie kritisieren die Verwaltung und üben die Minderheitsrechte aus.

Selbstverständlich gibt es unter diesen Minderheitsvertretern auch uneigennützige Männer und solche, die wirklich sich des gekränkten Rechtes annehmen; vielfach aber, besonders bei den gewerbsmäßigen Generalversammlungsvertretern, nährt das Handwerk den Mann.

Es soll vorkommen, daß die Verwaltung, die gegen derartige Angriffe stets nervös ist, dem Angreifer seine Aktien, und zwar nicht zu seinem Schaden, abkauft, manchmal ist auch schon ein Oppositionsredner, um ihn zu überzeugen, daß alles in Ordnung ist, Aufsichtsrat der von ihm so heftig angegriffenen Gesellschaft und damit aus einem Saulus ein Paulus geworden.

Die Rechte der Minderheit teilen sich in solche, die den Besitz eines gewissen Teiles des Aktienkapitals voraussetzen, und solche, die jeder einzelne, auch der Besitzer einer Aktie, wahrnehmen kann. Wer über 5 % des Aktienkapitals verfügt, ist berechtigt, die Berufung einer Generalversammlung zu verlangen, wer 10 % hat, hat das Recht, bei der Bilanzverhandlung die Vertagung durchzusetzen; er kann auch die so beliebte Revisionskommission ernennen, und er kann schließlich die Anstrengung der Regreßklage durchsetzen, welch letztere jederzeit als ultima ratio gilt, wenn der Geschäftsgang der Gesellschaft nicht den Wünschen der Aktionäre entspricht. Ist es doch in der Natur der Menschen begründet, einen Sündenbock zu suchen, dem man alle Sünden aufbürdet und den man in die Wüste schickt. Dies ist bei Generalversammlungen in erster Linie der Vorstand und vor allem der Aufsichtsrat. Dieser letztere, der in guten Tagen sich vielfach lediglich der Mühe unterzieht, seine Tantieme einzuziehen, sieht plötzlich zu seinem Schrecken sich der Verantwortung der §§ 246 und 249 HGB. mit ihren kautschukartigen Bestimmungen gegenüber und soll für allen Schaden, der geschehen ist, aufkommen.

Alle diese einzelnen Rechte der Minderheit sind allerdings beschränkt durch die nicht leicht zu handhabenden Vorschriften des Gesetzes. Die richtige Stellung des Antrages auf die Tagesordnung; die Stellung des Verlangens der Minderheit auf Regreß, bevor Entlastung erteilt ist, weil sonst nach § 270 die Entlastung den Regreß materiell beseitigt; die Begründung des Verlangens der Minderheit ausdrücklich als Minderheitsverlangen sind einzelne Punkte, die man in der Hitze des Gefechts leicht übersieht und deren Nichtbeachtung den Erfolg gefährden.

Wie weit die Beobachtung und die Kontrolle gehen muß, mag ein erlebtes Beispiel zeigen:

In einer Generalversammlung, die viele Stunden dauerte, war nach erbitterten Kämpfen die Entlastung durchgesetzt, ehe die Minderheit das Verlangen nach Regreßansprüchen in gesetzlicher Form gestellt hatte.

Bei der Einreichung des notariellen Protokolls zum Handelsregister zeigte sich nun, daß der Notar vergessen hatte, in den Text des Protokolls seinen Namen hineinzuschreiben, eine Verletzung der Form, die die Nichtigkeit des Protokolls der Generalversammlung zur Folge haben kann, wenn das Reichsgericht, das allerdings im allgemeinen derartigen rein formellen Verstößen gegenüber hilfreiche Hand leistet, nicht auch in diesem Falle hilft.

Aus der Nichtigkeit des Protokolls würde Nichtigkeit der Beschlüsse folgen und da nun die Entlastung rechtsgültig nicht erteilt ist, Möglichkeit der Minderheit, das Regreßverlangen zu stellen, ohne durch die Entlastung gebunden zu sein.

Neben dem Minderheitsrecht gibt das Gesetz jedem Aktionär das Recht, die Beschlüsse gemäß § 271 HGB. anzufechten. Dieses Recht hat das jetzige HGB. entgegen dem früheren Recht durch den Fortfall der Hinterlegungspflicht der Aktien erleichtert, und auch die Praxis hat alles zur leichteren Durchführbarkeit des Rechtes getan. Sie hat den die Grundlage der Anfechtung bildenden Protest allen formellen Krams entkleidet, sie hat — ein nicht zu unterschätzender Vorteil — festgestellt, daß das Objekt der Anfechtungsklage höchstens den Betrag der vom anfechtenden Kläger besessenen Aktien bildet (der erfahrene Generalversammlungsvertreter geht daher nur mit einer Aktie in die Generalversammlung); sie macht von der Befugnis, dem Kläger eine Sicherheit aufzuerlegen, nur recht beschränkten Gebrauch.

Dies so in die Hand jeden einzelnen Aktionärs gelegte Anfechtungsrecht ist schon deswegen — ganz abgesehen davon, ob es materiell durchzusetzen ist — eine furchtbare Waffe, weil es die Gesellschaft und die Verwaltung in eine sehr peinliche Zweifelslage bringt. Ein Anfechtungsprozeß, bei dem das Risiko für den Anfechtenden ein sehr geringes ist — haftet er doch für den der Gesellschaft entstehenden Schaden nur im Falle „böswilliger Handlungsweise", die wohl kaum je festzustellen sein wird — läßt die Gültigkeit des Generalversammlungsbeschlusses, selbst wenn ihn der Registerrichter eingetragen hat, vorläufig, solange der Prozeß schwebt, als zweifelhaft erscheinen. Derartige Prozesse haben aber, da sie unabhängig vom Objekt stets revisibel sind, die Tendenz, recht lange im Schwebezustand zu verharren. Das Urteil wirkt, selbst wenn nur ein Aktionär geklagt hat, für und gegen alle. Vorstand und Aufsichtsrat müssen also, unter eigener Verantwortung, mindestens den Gläubigern gegenüber, denen sie durch den Generalversammlungsbeschluß nicht gedeckt sind, sich entschließen, ob sie den Beschluß ausführen wollen oder nicht.

Auch der Anwalt, an den sie sich etwa wenden, wird ihnen bei den stets in Fluß befindlichen Grundsätzen des Aktienrechtes mit absoluter Sicherheit nicht sagen können, wie das Reichsgericht entscheidet; weiß doch jeder ernstere Anwalt, ein wie bedenkliches Geschäft die Prophezeiung über den Ausgang eines Prozesses ist. Der Entschluß für die Verwaltung ist also kein leichter. Vor Jahren wurde in Berlin eine Bank mit einer anderen fusioniert. Ein Aktionär mit einer Aktie zu 1000 M. erhob Anfechtungsklage, die jahrelang dauerte und allerdings schließlich mit der Abweisung endete. Ein Aufschub der Ausführung des Beschlusses, bei dem es sich um Werte von vielen Millionen handelte, wäre mit dem Ruin der einen Gesellschaft gleichbedeutend gewesen. Die Verwaltung entschloß sich daher, trotz der Anfechtung zu der Fusion; sie bekam schließlich durch den Ausgang des Prozesses recht. Man vergegenwärtige sich aber einmal, was geschehen wäre, wenn das Reichsgericht den Fusionsbeschluß, der nun schon jahrelang ausgeführt war, aufgehoben hätte. Die Folge wäre ein Chaos gewesen, dessen Entwirrung in den Formen des Rechts an die Unmöglichkeit gestreift hätte.

Ein anderer Fall betraf eine Kommanditgesellschaft auf Aktien. Hier erschien in jeder Generalversammlung ein Aktionär mit einer Aktie und erhob gegen alle Beschlüsse, sie mochten welcher Art auch immer sein, alljährlich Protest und Klage. Auch diese schwebten jahrelang, so daß die Gesellschaft das Vergnügen hatte, zeitweise 3 bis 4 Anfechtungsklagen bei den Gerichten verschiedener Instanzen schweben zu haben. Es braucht nicht hervorgehoben zu werden, wie ein solcher Zustand die Führung der Geschäfte erschwerte. In dem bezeichneten Falle war diese gewohnheitsmäßige Ausübung des

Anfechtungsrechtes mit ein Grund, die Kommanditgesellschaft auf Aktien in eine gewöhnliche Kommanditgesellschaft umzuwandeln.

Diese Beispiele, die jeder, der mit Aktiengesellschaften zu tun hat, leicht vermehren kann, zeigen die Bedeutung des § 271 HGB., der den Schutz des einzelnen Aktionärs bezweckt und erreicht, gleichzeitig aber auch vorurteilslose Gegner, deren Motive nicht immer Gerechtigkeitsgefühl und Schutz der Interessen der Aktionäre sind, in die Lage setzt, ohne eigenes Risiko der Gesellschaft Schwierigkeiten ernstester Art zu machen. Man wird auch bei einer neuen Regelung des Aktienrechtes sich mit der Vorschrift abfinden müssen, denn die durch Gesetz und Praxis schon genügend geminderten Einzelrechte der Aktionäre dürfen nicht noch mehr beschränkt werden. Man wird aber zu erwägen haben, ob man nicht die Schadensersatzpflicht dessen, der von dem Rechte Gebrauch macht, auch über das bösliche Verhalten hinaus erweitert.

Eine sehr wichtige Rolle in den Generalversammlungen spielt der Vorsitzende. Von ihm wird, insbesondere wenn viele Aktionäre vorhanden sind, die noch nicht eine absolut bestimmte vorgefaßte Meinung haben oder nicht mit fester Instruktion erscheinen, oft der Erfolg der Verwaltung, der der Vorsitzende meist angehört, abhängen. Von ihm hängt es ab, ob die Versammlung ruhig oder stürmisch verläuft, denn auch in den Generalversammlungen wie bei allen Versammlungen, in denen viele Menschen versammelt sind, spielt die Suggestion, besonders auch die Massensuggestion eine große Rolle.

Mir ist ein Fall erinnerlich, in dem eine starke Opposition vorhanden war, während die Mitglieder des Aufsichtsrats, die viele Aktien auf ihren Namen angemeldet hatten und dadurch nicht in der Lage waren, bei ihrer Entlastung mitzustimmen, die Entlastung infolgedessen nicht erhalten hätten.

Der Vorsitzende half auf eine zwar nicht einwandfreie, aber wirkungsvolle Weise. Er erklärte: „Wir stimmen jetzt über die Entlastung des Vorstandes ab.“ Da Widerspruch nicht erfolgte, fuhr er fort: „Damit ist dem Vorstand und Aufsichtsrat Entlastung erteilt.“ Dieses ging alles so schnell vor sich, daß die Opposition sich wirklich verblüffen ließ und daß, ehe man sich die Sache überhaupt überlegen konnte, die Diskussion schon beim nächsten Punkt der Tagesordnung angelangt war.

Gerade gegen derartige Überrumpelungen geschickter Vorsitzender muß die Opposition besonders auf der Hut sein und rechtzeitig ihr Recht wahren.

Die Befugnisse des Vorsitzenden sind im Gesetz nicht geregelt, man zieht gewöhnlich die parlamentarischen Vorschriften an.

Der leider so früh verstorbene beste Kenner des Handelrechts, Staub, ging sogar so weit, daß er in seinem Kommentar eine aus den parlamentarischen Regeln der verschiedenen deutschen Staaten zusammengestellte Geschäftsordnung für die Generalversammlung gab.

Dies ist natürlich nicht angängig; der Vorsitzende muß nur im allgemeinen die Regeln beobachten, die sich nach feststehender Übung für die Leitung von Versammlungen im Anschluß an die parlamentarischen Gewohnheiten herausgebildet haben. Vor allem muß er dafür sorgen, daß jeder das Recht in der Versammlung hat, seine Ansicht in ausgiebiger Weise darzulegen; geschickte Vorsitzende pflegen gerade der Opposition dieses Recht in weitestem Maße zu gewähren; sie wissen sehr wohl, daß sehr oft die lange Dauer der Verhandlung und die stete Wiederholung die Wucht der vorgetragenen Gründe eher abschwächt als verstärkt und vor allem, daß kein Argument so wirksam und der Opposition so förderlich ist als der Vorwurf, man wolle sie mundtot machen.

Das Vorgetragene mag als ein Versuch, die Generalversammlungen unter einem anderen Gesichtspunkte als dem rein rechtlichen zu betrachten, vorerst genügrn. Das Einzelne kann näher ausgeführt, es können mehr Beispiele herangezogen werden, immer aber wird man zu der Feststellung kommen, daß, wie überall im menschlichen Leben, auch bei den Generalversammlungen, in denen Aktionäre zusammenkommen, um Gericht zu halten über ihre Verwaltung, Menschliches, allzu Menschliches sein Wesen treibt.

Auch der Jurist darf an dieser Erkenntnis nicht vorbeigehen; er soll stets bedenken, daß hinter den Formen des Rechts der Mensch steht.

Tut er dies, so verschafft er sich selbst den hohen Genuß, menschliche Schwächen und Vorzüge im Kampfe des Rechts zu beobachten, das Recht selbst aber hütet er vor seinem ärgsten Feind, der Verknöcherung.

Feststellung der Bilanz einer Aktiengesellschaft durch das Gericht.

§ 260 HGB. bestimmt:

„Die Generalversammlung beschließt über die Genehmigung der Jahresbilanz und die Gewinnverteilung."

Man sollte annehmen, daß nach dieser unzweideutigen Fassung, die nur insofern nicht korrekt ist, als in Wirklichkeit die Generalversammlung nicht die Genehmigung der Bilanz beschließt, sondern die Bilanz feststellt, selbst die scharfsinnigste Auslegung nicht in Zweifel ziehen kann, daß die Feststellung der Bilanz lediglich Sache der Generalversammlung ist und daß es bei der Aktiengesellschaft kein Organ gibt, welches außer dieser die Bilanz festzustellen berechtigt wäre.

Es war dies auch bisher die allgemeine Ansicht sowohl in der Theorie wie in der Praxis.

Das Reichsgericht sagt daher auch im 49. Bd. der Entsch. S. 145 (allerdings für die Gesellschaften mit beschränkter Haftung, deren Grundsätze aber in diesem Punkt dieselben sind, wie bei der Aktiengesellschaft), daß der einzelne Gesellschafter zwar ein klagbares Recht auf Anfechtung einer durch die Mehrheit der Gesellschafter festgestellten Bilanz hat, daß aber die Feststellung der Bilanz die Gesellschaft und der einzelne Gesellschafter nur auf dem Wege erreichen kann, den Vertrag und Gesetz vorschreibt.

Doch auch hier, wie so oft im Gebiete des Rechts, zeigt es sich, daß es keinen Rechtsgrundsatz gibt, der unbestritten ist und unbestritten bleibt.

In einer in der JW. 1907 S. 55 Nr. 20) veröffentlichten Entscheidung hat das Reichsgericht erkannt, daß allerdings auf einem Umwege auch das Gericht in der Lage ist, die Bilanz einer Aktiengesellschaft festzustellen.

In dem dem höchsten Gericht vorliegenden Falle hatte ein Aktionär gegen eine Aktiengesellschaft auf Anfechtung der Beschlüsse geklagt, durch welche die Bilanz genehmigt worden ist. Kläger hat seinen Klagevortrag dann dahin erweitert, daß die beklagte Aktiengesellschaft auch anzuerkennen habe, daß die von einem Bücherrevisor aufgestellte Bilanz für sie maßgebend sei. Alle drei Instanzen, insbesondere also auch das Reichsgericht, haben diesem letzteren Antrage entsprochen. Es ist damit seitens des Gerichts der beklagten Aktiengesellschaft aufgegeben, eine Bilanz anzuerkennen, die eine dritte Person, nämlich ein Bücherrevisor, aufgestellt hat.

Es leuchtet ohne weiteres ein, von wie großer Tragweite dieses Erkenntnis ist, denn in ihm wird der Grundsatz aufgestellt, daß die Klage aus § 271 HGB. nicht lediglich negativ ist, sondern daß mit ihr ein positiver Antrag dahingehend verbunden werden kann, daß die Beschlüsse der Generalversammlung in einer Weise, wie sie der Kläger vorschlägt, geändert werden können. Eine eingehende Erörterung der Entscheidung dürfte sich daher rechtfertigen.

Es ist zunächst zu untersuchen, auf welche Weise das Reichsgericht seine Ansicht begründet. Es stützt sich in erster Linie auf Literatur und Praxis und beginnt damit, festzustellen, daß „neuerdings" mehrfach die Ansicht vertreten sei, daß das Gericht bei der Anfechtungsklage aus § 271 sich darauf zu beschränken habe, einen Beschluß aufzuheben, dagegen sei das Gericht nicht berufen, die nach seiner Auffassung richtige an Stelle der gesetzwidrigen Bilanz zu setzen.

Diese Ausführung dürfte den Tatsachen nicht entsprechen. Wie das Reichsgericht selbst zugibt, ist bisher von ihm kein Fall entschieden worden, in dem ein positiver Antrag aus § 271 gestellt worden wäre. Es ergibt dies wohl zur Genüge, daß man bisher stets davon ausging, daß durch die Klage aus § 271 lediglich die Nichtigkeit des betreffenden Beschlusses zu erreichen sei und daß gar nicht der Versuch gemacht worden ist mit dieser Klage eine Feststellungsklage, daß statt des angefochtenen Beschlusses ein anderer Beschluß zu fassen sei, zu verbinden. Es handelt sich daher nicht um eine neuerdings aufgetretene Ansicht, sondern diese Ansicht besteht, seit die Anfechtungsklage gegen Beschlüsse der Generalversammlung eingeführt ist.

Aus der Literatur führt das Reichsgericht drei Schriftsteller für seine Ansicht an. Zunächst Staub in der 6. und 7. Auflage des

Kommentars zum HGB., Hachenburg, Kommentar zum Gesetz, betr. G. m. b. H., Merzbacher, Kommentar zum Aktiengesetz.

Staub spricht sich allerdings für die Ansicht des Reichsgerichts aus, indem er in Anm. 2 der 6. u. 7. Aufl. zu § 260 ohne jede Begründung erklärt, daß, wenn die Anfechtungsklage Erfolg hat, das Prozeßgericht nicht nur den Beschluß als unbegründet aufheben, sondern die Bilanz in Gemäßheit der Gesetze und Statuten richtigstellen kann, eine Ansicht, die in der 8. Auflage dann, wie das Reichsgericht auch anführt, fallen gelassen ist.

Hachenburg spricht sich in seiner Bearbeitung des Staubschen Kommentars zum Gesetz, betr. die G. m. b. H., durchaus nicht so weitgehend aus wie das Reichsgericht. Er sagt allerdings, daß die Verpflichtung der Generalversammlung den Beschluß korrekt zu fassen, ebenfalls ausgesprochen werden könne. Das Gericht sei in der Lage, wenn gegen die Bestimmung des Statuts die Gesellschaft eine Bilanz feststelle, in der die Waren zum Verkaufspreise figurieren, auszusprechen, daß eine andere Bilanz unter Einstellung der Waren mit der richtigen Bewertung zu erfolgen habe.

Ähnlich sagt Merzbacher, daß es von der Lage des einzelnen Falles abhänge, ob der Antrag erkennen lassen müsse, was an Stelle des aufzuhebenden Beschlusses oder des angefochtenen Teils dieses Beschlusses positiv Rechtens werden solle.

Beide Schriftsteller geben daher dem Gericht nicht etwa die Befugnis, eine neue Bilanz aufzustellen, sondern sie sprechen lediglich aus, daß das Gericht gewisse Grundsätze feststellen dürfe, die bei der Aufstellung der Bilanz zu berücksichtigen seien.

Was die Praxis betrifft, so beruft sich das Reichsgericht auf ein noch nicht veröffentlichtes Erkenntnis des Reichsgerichts von 1905, ferner vor allem auf ein Erkenntnis des Reichsoberhandelsgerichts vom Oktober 1875, also aus einer Zeit, in der das Gesetz von 1884, welches die Anfechtungsklage gegen Beschlüsse der Generalversammlung erst einführte, noch nicht bestand. In dieser Entscheidung handelte es sich um die Frage, ob der Ankauf von Aktien durch die Gesellschaft und deren demnächstiger Verkauf nichtig sei.

Hier entscheidet das Reichsoberhandelsgericht die damals streitige Frage, ob ein Aktionär verlangen kann, daß die Gesellschaft sich entsprechend dem Gesetz und dem Statut betätige, im bejahenden Sinne.

Es erkennt also ein Anfechtungsrecht des Aktionärs an. Es führt dann aus, da es sich um die Frage handelt, wie dies Recht gegenüber noch nicht ausgeführten und wie es gegenüber ausgeführten Beschlüssen geltend gemacht werden könne, daß über den Klageantrag sich allgemeine Grundsätze nicht aufstellen lassen. Es müsse nur ein klares und der konkreten Lage der Gesellschaft entsprechendes Klagebegehren gefordert werden. Wenn lediglich Änderungen der Gesellschaftssatzungen stattgefunden hätten, oder Handlungen, die nach außen wirken sollen, beschlossen, aber noch nicht ausgeführt seien, so entspräche der Antrag auf Ungültigkeitserklärung der Sachlage.

Dieses Erkenntnis, das, wie bemerkt, vor Geltung des Gesetzes von 1884 ergangen ist, ist als eine Vorarbeit der gesetzlichen Regelung anzusehen.

Es folgert etwas, das nicht gesetzlich festgestellt war, aus dem Wesen der Aktiengesellschaft; das Gesetz hat demnächst die Frage gesetzlich geregelt. Es kann aber doch unmöglich eine Entscheidung, die vor dieser gesetzlichen Regelung ergangen ist, und die lediglich einen der vielen Versuche darstellt, das damals bestrittene Anfechtungsrecht des Einzelaktionärs zu regeln, zur Auslegung der später erfolgten gesetzlichen Normierung herangezogen werden.

Im übrigen ergibt aber auch dies Erkenntnis nicht, daß etwa das Reichsoberhandelsgericht die Aufstellung einer neuen Bilanz durch das Gericht für möglich erachtet hat.

Abgesehen von diesen Stützpunkten, die das Reichsgericht in Literatur und Praxis sucht, führt es lediglich einen negativen und einen positiven Grund an; ersteren, indem es ausspricht, daß das Gesetz unterlassen habe, Grundsätze über den Inhalt des Klagebegehrens aus § 271 aufzustellen, letzteren, indem es auf § 273 verweist.

Was den ersteren Grund betrifft, so kann nicht zugegeben werden, daß das Gesetz über den Inhalt des Klageantrages schweigt, denn § 271 sagt deutlich, daß ein Beschluß der Generalversammlung an**gefochten** werden kann.

Eine Anfechtung beseitigt lediglich den Beschluß. Es ist damit also ausgesprochen, daß die Klage darauf zu gehen hat, daß der Beschluß der Generalversammlung für ungültig erklärt wird.

Was den § 273 betrifft, so will das Reichsgericht in der Bestimmung, daß das Urteil für und gegen alle Aktionäre wirke, den

Fingerzeig sehen, daß der Richter sich nicht auf die rein negative Tatsache der Aufhebung zu beschränken, sondern positiv die Grenzlinien zu bezeichnen habe, innerhalb deren der Beschluß aufrecht zu erhalten sei. Es ist nicht ersichtlich, inwieweit die Bestimmung des § 273 diesen Fingerzeig geben soll.

Das Gesetz bezweckt, indem es eine kurze Frist für die Klage bestimmt, indem es ferner die Verbindung aller Anfechtungsprozesse anordnet und dem Erkenntnis Wirkung für und gegen alle Aktionäre gibt, daß ein Erkenntnis einheitlich feststellt, ob ein Beschluß der Generalversammlung nichtig ist oder nicht.

Weiteres ist weder aus § 273 noch aus den anderen Bestimmungen herauszulesen.

Sind so die vom Reichsgericht angeführten Gründe wenig überzeugend, so kommt man auch bei freier Prüfung der Rechtslage zu dem Resultat, daß die vom Reichsgericht für zulässig erachtete Ausdehnung des Antrages aus § 271 den Grundprinzipien des Aktienrechts und des Bilanzrechts widerspricht.

Zunächst des Aktienrechts:

Die Aktiengesellschaft ist ein Mehrheitsverein, d. h. eine Gesellschaft, in der der Wille der Mehrheit entscheidet. Die Mehrheitsbeschlüsse sind lediglich durch Gesetz, Statuten und innerhalb dieses Rahmens durch Sonderrechte der einzelnen beschränkt. Eines der wichtigsten Sonderrechte ist das Recht des einzelnen Aktionärs, einen Generalversammlungsbeschluß anzufechten, der wider Gesetz oder Statut verstößt, d. h. jeder Aktionär kann verlangen, durch Urteil festgestellt zu sehen, daß der Beschluß der Generalversammlung Statut oder Gesetz verletzt und demgemäß dessen Aufhebung fordern.

Es ist dies eine wichtige Ausnahme, die in der Sache selbst begründet ist, von dem Satz, daß die Mehrheit in der Generalversammlung entscheidet. Diese Ausnahme ist strikt zu interpretieren und nicht über den Zweck auszudehnen, zu dem sie gegeben ist. Wird auf Grund der Anfechtung ein Beschluß aufgehoben, dann gilt dieser Beschluß für nicht vorhanden und das ursprüngliche Prinzip, daß die Mehrheit entscheidet, tritt wieder in Kraft. Die Mehrheit hat von neuem zu beschließen, was sie für richtig erachtet.

Es ist daher sehr mit Vorbedacht und durchaus den Grundprinzipien entsprechend im § 271 dem Aktionär nur ein Anfechtungsrecht und nicht das Recht gegeben, positiv festgestellt zu verlangen, was an Stelle des nichtigen Beschlusses treten soll. Würde der entgegengesetzten Auffassung, die das Reichsgericht jetzt dem Paragraphen gibt, entsprechend den Aktionären ein Recht gegeben, zu verlangen, daß an Stelle des angefochtenen Beschlusses ein anderer gesetzt werde, dann würde an Stelle des Willens der Mehrheit der Wille des Anfechtenden bzw. das Ermessen des Gerichts gesetzt werden. Es würde dann also nicht das für beschlossen gelten, was die Mehrheit für die Gesellschaft als nützlich erachtet, sondern das, was das Gericht für gut hält; es würde also eine Bevormundung der Mehrheit eintreten, die das Gesetz nicht gewollt hat und die dem Gericht Pflichten auferlegt, die dieses in den meisten Fällen gar nicht zu erfüllen in der Lage ist.

Ebenso aber widerspricht die Entscheidung den Bilanzvorschriften, insbesondere der Vorschrift des § 260. Nach dieser Bestimmung sind für die Bilanz notwendig die Aufstellung durch den Vorstand, Bemerkungen des Aufsichtsrats, Genehmigung der Generalversammlung.

Erstere beiden Voraussetzungen sind deswegen sehr wichtig, weil sie die Grundlage für die Verantwortlichkeit dieser Organe, die natürlich von der höchsten Bedeutung für die Aktionäre ist, bieten.

Wird aber die Bilanz, so wie es das Reichsgericht will, vom Gericht durch Urteil festgestellt, so fehlen alle drei in § 260 als absolut notwendig hingestellten Voraussetzungen. Wer soll für eine solche Bilanz die Verantwortung übernehmen? Vorstand und Aufsichtsrat brauchen es nicht, denn sie haben die Bilanz nicht aufgestellt bzw. genehmigt; eine Verantwortung des Gerichts besteht nicht, es liegt also der vom Gesetz kaum vorgesehene Fall einer Bilanz, für die niemand verantwortlich ist und die doch z. B. für die Gewinnverteilung maßgebend ist, vor. Dazu kommt, um dies nebenbei zu bemerken, daß die Bilanzvorschriften der §§ 261 ff. lediglich Vorschriften sind, die verhindern sollen, daß gewisse Wertgegenstände zu hoch angesetzt werden. Innerhalb der Grenzen dieser Vorschrift aber ist die Mehrheit nicht an gesetzliche Vorschriften gebunden, sie kann vielmehr z. B. Gegenstände niedriger bewerten, als sie es sind, Abschreibungen und Rücklagen über das vom Gesetz festgestellte Maß hinaus anordnen usw., wie dies die Vorschrift des § 271 Abs. 3 am Ende zweifellos ergibt.

Danach ist die Bilanz, soweit nicht die gesetzlichen Vorschriften eingreifen, eine Aufstellung der Aktiven und Passiven, die nach dem Willen bzw. dem verständigen Ermessen der Mehrheit gemacht wird.

Kein Gericht kann sein Ermessen an Stelle des Ermessens der Mehrheit setzen.

Das Vorgetragene dürfte ergeben, daß die Ausdehnung der Klage aus § 271, wie sie das Reichsgericht will, zu Konsequenzen führt, die die Grundprinzipien des Aktienrechts über den Haufen werfen. Es ist zu hoffen, daß das Reichsgericht nach nochmaliger Prüfung der Sachlage in einem künftigen Falle von dieser durch nichts gerechtfertigten Auffassung des Gesetzes abgehen wird.

Die Bilanz der Aktiengesellschaften und das Reichsgericht.

Das Reichsgericht hatte am 7. November 1906 ein Urteil erlassen, in welchem es bei einer Klage aus § 271 HGB. sich nicht lediglich darauf beschränkt hatte, den angefochtenen Beschluß der Generalversammlung für nichtig zu erklären, es hatte vielmehr auch dem weiteren Antrage des Klägers, anzuerkennen, daß die von einem Bücherrevisor aufgestellte Bilanz für die Gesellschaft maßgebend sei, stattgegeben. Ich hatte mich in Nr. 5 der Leipziger Zeitschrift vom Jahre 1907 gegen diese Ausdehnung der Klage aus § 271 eingehend ausgesprochen. (Vgl. vorstehenden Aufsatz.)

Über die Tragweite der reichsgerichtlichen Entscheidung hat sich ein Streit entsponnen, insbesondere hat Düringer in einer Fußnote zu dem bezeichneten Aufsatz erklärt, daß ich dem Reichsgericht eine Auffassung unterstelle, die es in Wirklichkeit nicht gehabt habe. Das Reichsgericht sei keineswegs davon ausgegangen, daß der Richter oder ein Sachverständiger an Stelle der gesetzlichen Organe der Aktiengesellschaft eine für diese bindende Bilanz aufstellen könne, vielmehr spreche das Reichsgericht nur aus, daß der Richter, wenn und soweit er nach der konkreten Sachlage hierzu in den Stand gesetzt sei, auf Antrag an Stelle des Beanstandeten das dem Gesetz Entsprechende feststellen könne.

Mir scheint dies ein Streit mit Worten zu sein. Daß das Reichsgericht nur dann an Stelle des Beanstandeten das dem Gesetz Entsprechende festsetzen wird, wenn und soweit es nach der konkreten Sachlage in der Lage ist, ist selbstverständlich und von mir nie bezweifelt worden. Ich habe mich nur dagegen gewendet, daß überhaupt das Gericht in irgendeinem Falle eine Bilanz festsetzt. Daß aber in dem Tenor: die Gesellschaft soll anerkennen, daß für sie die von einem Sachverständigen aufgestellte Bilanz maßgebend ist — eine Feststellung der Bilanz durch einen Dritten bzw. durch das Gericht liegt, dürfte wohl nicht zweifelhaft sein.

Es wird aber über die Frage, wie das damalige Reichsgerichtsurteil auszulegen ist, eine Diskussion überflüssig sein, denn das Reichsgericht ist auf dem von ihm beschrittenen Wege weiter fortgeschritten und hat in neueren Entscheidungen seinen Standpunkt festgehalten und näher präzisiert.

Zunächst hat es in einem in den Entsch. Bd. 76 S. 244 veröffentlichten Urteil vom 6. Mai 1911 kurz erklärt, daß, wenn das Gericht einen Bilanzgenehmigungsbeschluß als gesetz- oder statutenwidrig aufhebt, es zugleich die richtige Bilanz festzustellen hat; ein Satz, der im übrigen wohl auch nach der Ansicht des Reichsgerichts doch nur dahin zu verstehen ist, daß eine derartige Feststellung nur dann erfolgen kann, wenn dies seitens des Klägers beantragt ist. Ferner aber hat das Reichsgericht in einer Entscheidung vom 5. November 1912 (RGEntsch. 80, 330) seine Entscheidung weiter ausgebaut.

Bei der großen Wichtigkeit der Frage, die die Grundprinzipien des Aktienrechtes berührt, dürfte eine Erörterung über diese Entscheidung nicht zu umgehen sein.

Vorweg wird bemerkt, daß die Entscheidung allerdings in einer Angelegenheit einer G. m. b. H. ergangen ist, daß aber die angewendeten Grundsätze dem Aktienrecht entnommen und auch für dieses maßgebend sind.

In dem der Entscheidung des Reichsgerichts unterliegenden Falle hatte eine Generalversammlung eine Bilanz aufgestellt, bei der sie die bereits verkauften Waren nicht zu Verkaufspreisen, sondern zu niedrigeren Herstellungspreisen eingesetzt hatte. Der Kläger hatte auf Aufhebung des Bilanzgenehmigungsbeschlusses, auf Einsetzung eines Gewinns von etwa 400000 M. mehr in die Bilanz und auf Auszahlung einer Dividende von etwa 80000 M. geklagt. Nachdem das Landgericht die Klage abgewiesen hat, hat das Kammergericht sämtlichen Klageanträgen stattgegeben; die Revision ist zurückgewiesen worden.

In den Gründen wird zunächst festgestellt, daß nach der Ansicht des Gerichts die bereits verkaufte Ware zu einem zu niedrigen Preise eingesetzt sei. Dies wird hauptsächlich aus dem Statut begründet. Die Begründung interessiert für die vorliegende Frage nicht. Demgemäß hat das Gericht festgestellt, daß, da ein Posten in die Bilanz unrichtig aufgenommen sei, die Genehmigung der Bilanz und der Gewinn- und Verlustrechnung sowie die Verteilung des Reingewinns als ungültig aufgehoben werde. Das Gericht geht aber weiter. Es hat an Stelle der unrichtigen Bilanz die nach Ansicht des Gerichts richtige Bilanz, an Stelle der unrichtigen Gewinn- und Verlustrechnung die richtige Gewinn- und Verlustrechnung gesetzt und die beklagte Gesellschaft verurteilt, an den Kläger eine Dividende zu zahlen, die sich aus der angeblich richtigen Bilanz und Gewinn- und Verlustrechnung ergibt. Es hat also das getan, was ich in dem früheren Aufsatz als den Sinn der reichsgerichtlichen Entscheidung festgestellt habe; denn daß insbesondere der letzte Antrag, die Verteilung einer Dividende nicht mehr lediglich eine Festsetzung des dem Gesetz Entsprechenden an Stelle des Beanstandeten ist, bedarf keiner weiteren Erörterung.

Auch in seiner Begründung wendet sich das Reichsgericht gegen den Artikel in der Leipziger Zeitschrift und stellt fest, daß die Rechtsprechung des Reichsgerichts dahin geht, daß nur, wenn es im einzelnen Falle zweifellos sei, wie sich eine nach richtigen Grundsätzen aufgestellte Bilanz und Gewinnverteilung gestaltet, der Richter aus dieser Gestaltung unter Aufhebung des ungültigen Beschlusses zugleich die unerläßlichen Folgen festsetzen könne.

Diese Voraussetzung findet das Gericht im vorliegenden Fall, weil eine sogenannte Eventualbilanz, über deren Bedeutung zwischen den Parteien Streit herrscht, aufgestellt sei, welche mit den Kaufpreisen der fertigen Warenbestände in gehöriger Schätzung rechnet. Diese Aufstellung habe das Gericht geprüft und für richtig befunden. Das Reichsgericht fährt dann fort: „Unter diesen Umständen hat sich durch Einsetzen des richtig geschätzten Verkaufswerts der fertigen Warenvorräte in die Bilanz irgendeine andere Bewertung nicht geändert, es ist nicht behauptet, daß die Gesellschaftsversammlung nach irgendeiner Richtung etwas anderes beschlossen haben würde, als was der Berufungsrichter in seinem Urteil ausgesprochen hat. Demnach hätte sich auch materiell die Einberufung der Mitgliederversammlung und deren Beschlußfassung als eine inhaltslose Form erwiesen. Sie konnte nichts anderes mehr beschließen, nachdem die Beschlüsse vom 26. Januar 1911 nicht aufrecht zu erhalten waren."

Das Reichsgericht geht also davon aus, daß, wenn ein Posten in die Bilanz falsch eingesetzt ist, das Gericht, wenn es glaubt, daß im übrigen die Bilanz in Ordnung ist, diesen Posten richtig einsetzt, diese Bilanz feststellt und zur Auszahlung der Dividende nach dieser festgestellten Bilanz verurteilen kann.

Ich will nicht auf die juristischen Gründe, die ich in dem vorbezeichneten Aufsatz dargelegt habe, zurückkommen. Das Reichsgericht ist über sie hinweggegangen, und es mag dem Reichsgericht zugegeben werden, daß, wenn man in einer derartigen Frage bei freierer Auffassung zu einem den Verkehr fördernden und unnütze Formalien beseitigenden Resultat kommt, das Abgehen von rein juristischen Gesichtspunkten sich in gewissen Fällen rechtfertigen ließe.

Aber ich bestreite auf das allerentschiedenste, daß das Ergebnis, zu dem das Reichsgericht kommt, auch bei freierer Prüfung der Sachlage sich gegenüber den Grundprinzipien des Aktienrechtes und des Bilanzrechtes aufrechterhalten läßt.

Der Fall, den das Reichsgericht entschieden hat, liegt an sich tatsächlich einfach. In dem einen Posten der Aktivseite — Warenbestand — ist der Wert nach der Ansicht des Gerichts unrichtig festgestellt und zwar zu niedrig. Es scheint nun auf den ersten Blick allerdings, als wenn nichts einfacher wäre, an Stelle dieses einen Postens den, wenn man den Grundsätzen des Gerichts folgt, der Höhe nach unbestrittenen anderen Posten einzusetzen und den dadurch erzielten Mehrbetrag des Gewinns als Dividende zu verteilen.

Man kann sich den Fall übrigens noch einfacher denken, wenn z. B. unrechtmäßig in die Passiven eine Schuld aufgenommen ist, oder wenn etwa die Vergütung an den Aufsichtsrat entgegen dem Gesetz zu hoch festgesetzt ist. Dann ist es immer lediglich ein Posten, der aus der Bilanz ausscheidet, dessen Ausscheiden, wenn man zahlenmäßig rechnet, immer eine Vermehrung des Reingewinns zur Folge hat.

Dieses zahlenmäßige Rechnen aber, welches das Reichsgericht zum Prinzip erhebt, widerspricht vollständig den Grundsätzen, die das HGB. über die Festsetzung einer Bilanz aufgestellt hat.

Es muß, wie schon in dem früheren Aufsatz ausgeführt ist, wiederholt werden, daß die Bilanz in gewisser Weise dem Ermessen der Mehrheit unterliegt. Diesem Ermessen sind gewisse Grenzen gesetzt. Insbesondere hat das Gesetz in § 40 und § 261 gewisse Höchstbewertungen festgestellt, die zwingender Natur sind und keinesfalls überschritten werden dürfen. Dagegen sind andere Fragen, insbesondere in welcher Höhe Abschreibungen und Rücklagen über das vom Gesetz als notwendig vorgeschriebene Maß hinaus einzustellen sind, im wesentlichen Fragen des Ermessens der Gesellschaft, d. h. der Mehrheit.

In § 271 Abs. 3 Satz 2 ist die Anfechtung zu hoher Abschreibungen an eine bestimmte Voraussetzung, nämlich den Besitz von 5 % des Aktienkapitals geknüpft, wodurch insbesondere bei großen Gesellschaften für Kleinaktionäre die Anfechtung ziemlich ausgeschlossen erscheint. Das Reichsgericht hat (Entsch. Bd. 72 S. 33ff.) sehr eingehend dargelegt, daß ein öffentliches Interesse an der Beseitigung zu hoher Abschreibungen und Rücklagen nicht vorliegt, und daß das Gesetz mit vollem Bewußtsein die Anfechtung derartiger zu hoher Abschreibungen und Rücklagen erschwert.

Demnach muß es als ein Grundsatz des geltenden Rechtes angesehen werden, daß die Mehrheit, soweit sie nicht böswillig oder willkürlich verfährt, zur Stärkung des Unternehmens Abschreibungen und Rücklagen vornehmen kann, die über das gesetzliche Maß hinausgehen (vgl. Staub 9. Aufl. Anm. 6 zu § 261 und über den Begriff „willkürlich" den Aufsatz „Reserven").

Es ist im übrigen eine bekannte Tatsache, daß, je höher der Reingewinn ist, desto mehr der vorsichtige Geschäftsmann Abschreibungen und Rücklagen macht, um das Unternehmen zu stärken. Es gibt wohl kaum eine Gesellschaft, die mit guten Erträgnissen arbeitet, welche alles, was sie an Gewinn hat, ausschüttet und einen Teil desselben nicht vielmehr dazu verwendet, sich für schlechtere Zeiten eine Rückdeckung zu schaffen.

Wenn nun das Reichsgericht in den gedachten Erkenntnissen in rein mechanischer Rechnung erklärt, daß, wenn ein Posten zu niedrig eingesetzt ist, dieser Posten in die Bilanz richtig eingesetzt und die entstehende Differenz als Dividende verteilt werden müsse, so verletzt dies das Grundrecht des Aktionärs, durch Mehrheitsbeschluß innerhalb der gesetzlichen Grenzen die Verteilung des Reingewinns festzusetzen.

Wie kann das Reichsgericht wissen, ob, wenn wie im vorliegenden Fall einige Hunderttausend Mark mehr verdient waren, die Generalversammlung nicht beschlossen hätte, einen Teil dieses Gewinns einem Reservefonds zuzuführen und von der Verteilung auszuschließen? Wie kann es wissen, ob nicht, worauf die Klägerin übrigens auch nach dem Urteil hingewiesen hat, ein höherer Gewinnvortrag als geschehen gemacht worden wäre? Alles dies sind Ermessensfragen der Mehrheit, und selbst wenn die Mehrheit hierbei das Gesetz oder das Statut verletzen würde, sind es Mehrheitsbeschlüsse, die der Anfechtung entzogen sind, soweit nicht 5 % des Aktienkapitals die Anfechtung erklären.

Demnach handelt es sich durchaus nicht, wie das Reichsgericht sagt, um „unerläßliche" Folgen und nicht bei einer nachträglichen Feststellung der Bilanz um eine inhaltlose Form. Trotz der vom Gericht festgestellten Ziffer kann die Mehrheit über die Verteilung des Reingewinnes anders beschließen, als daß sie den durch das Gericht festgestellten Mehrwert einfach als Dividende verteilt.

Gerade das Reichsgericht hat im Hiberniafall in einem in seiner Allgemeinheit nicht unbestrittenen Satz ausgesprochen, daß die Mehrheit des Aktienbesitzes über die Verwaltung der Gesellschaft und darüber entscheidet, was im Interesse der Gesellschaft und ihrer Aktionäre zu tun und zu lassen ist. Mit dieser Tatsache müsse sich jeder abgefunden haben, der Aktien erwirbt; seinen Willen als maßgebenden durchsetzen könne er nur, wenn er in der Generalversammlung mit der Mehrheit der Stimmen aufzutreten in der Lage sei. Die Unterwerfung der Minderheit unter den Willen der Mehrheit sei die mittelbare und notwendige Folge der geltendgemachten Bestimmungen (vgl. RG. 68, 246).

Diesen Grundsätzen, insbesondere also dem Prinzip des Rechts der Mehrheit über die Frage, wieviel Abschreibungen und Rücklagen zu setzen seien, zu entscheiden, widerspricht die dargelegte Entwicklung der reichsgesetzlichen Judikatur in der hier behandelten Frage. Das Reichsgericht erklärt hier kurz und bündig: Ist ein Posten in der Bilanz gesetz- oder statutenwidrig falsch eingesetzt, so hat das Gericht das

Recht, zu entscheiden, daß der bei richtiger Einsetzung erzielte Mehrbetrag als Dividende zu verteilen ist. Nach dem Gesetz und den Grundsätzen des Aktien- und Bilanzrechts hätte es nur entscheiden können: Der Posten ist unrichtig eingesetzt, der Bilanzbeschluß ist daher nichtig; die Gesellschaft muß eine neue Bilanz aufstellen, in der der vom Gericht als unrichtig bezeichnete Posten richtiggestellt wird; im übrigen aber ist Feststellung der Bilanz, insbesondere Bemessung der Abschreibungen und die Verteilung der Dividende lediglich Sache der Generalversammlung, die hierüber innerhalb der gesetzlichen Grenzen zu entscheiden hat.

Kartelle als Aktiengesellschaften.

Sehr häufig werden Kartelle in der Form abgeschlossen, daß ein Vertrag eine Gesellschaft — meist Aktiengesellschaft als Gesellschaft m. b. H. — begründet und in einem anderen Vertrage, dem meist sogenannten Lieferungsvertrage, die Verpflichtungen der Mitglieder näher festgesetzt werden.

Die Frage über das innere Verhältnis dieser beiden Verträge untereinander ist nicht nur theoretisch interessant, sie hat auch sehr wesentliche praktische Bedeutung. Denn für einen großen Teil der Kartellverträge, insbesondere derer der großen deutschen Verbände, hängt von ihrer Beantwortung nichts mehr und nichts weniger ab, als die Entscheidung darüber, ob ihre Rechtsbeziehungen überhaupt rechtlich gültig sind. Es entscheidet sich dies danach, ob die in den Lieferungsverträgen enthaltenen Verpflichtungen der Kartellmitglieder, die nicht in den Gesellschaftsvertrag aufgenommen sind, den formellen Bestimmungen der Gesetze gegenüber bestehen können.

Dies soll im folgenden erörtert werden:

Ausgegangen wird von den bei den großen Verkaufskartellen üblichen Formen der gemischten Verträge. Es wird eine juristische Person, meistens eine Aktiengesellschaft oder Gesellschaft m. b. H. gebildet, die den An- und Verkauf der Produkte übernimmt und daneben ein Syndikatsvertrag (vielfach Lieferungsvertrag genannt), durch den die Mitglieder sich verpflichten, ihre Produkte lediglich der Verkaufsstelle zu liefern. Neben dieser Hauptverpflichtung bestehen Nebenverpflichtungen, die in den einzelnen Kartellverträgen in der verschiedenartigsten Weise ausgebildet sind. Auch deren Rechtsgültigkeit hängt von der Entscheidung der prinzipiellen Frage ab.

Hervorzuheben ist zunächst, daß diese Organisation der großen Syndikate, die sich im Laufe der Praxis herausgebildet hat, eine

Hilfskonstruktion ist. Denn eine Rechtsform, die dem wirtschaftlichen Interesse der Kartelle in jeder Weise entspricht, gibt es nicht; die Kartelle sind, wie Silberberg (JW. 12, 282) mit Recht sagt, juristisch „obdachlos"; sie müssen sich Rechtsformen, die für ganz andere Verhältnisse gebildet sind, anpassen. Es ist Aufgabe der Rechtswissenschaft und der praktischen Jurisprudenz, diese Anpassung so vorzunehmen, daß der wirtschaftliche Zweck, der erreicht werden soll, nicht Schaden leidet. Diese Anpassung ist nicht möglich, insoweit positive Gesetzesvorschriften entgegenstehen.

Eine derartige positive Vorschrift ist die, daß sowohl bei Aktiengesellschaften wie bei den Gesellschaften m. b. H. die zwingende Vorschrift vorhanden ist, daß alle gesellschaftlichen Verpflichtungen in den Gesellschaftsvertrag aufgenommen werden müssen. Es fragt sich also, wie trotz dieser Vorschrift derartige Verpflichtungen rechtswirksam auferlegt werden können.

Die einfachste Lösung der Frage wäre nun die, daß der Gesellschaftsvertrag, d. h. der Vertrag, der die juristische Person schafft, alle Verpflichtungen der Mitglieder im vollen Umfange enthielte und daß im Lieferungsvertrage nur die Ausführungsbestimmungen im einzelnen enthalten wären. Es soll hier auf die Frage, inwieweit dies bei der Aktiengesellschaft gegenüber der Fassung des § 212 HGB. möglich ist, nicht eingegangen werden (vgl. hierüber Flechtheim S. 95; Staub-Pinner, Kom. z. HGB. Anm. 2 zu § 212; Silberberg, Wolf in JW. 12 S. 281 und 517); bei der Gesellschaft m. b. H. würde die weite Fassung des § 3 Abs. 2 des Gesetzes jedenfalls die Aufnahme aller Verpflichtungen ermöglichen. Eine derartige Aufnahme der Verpflichtungen in den Gesellschaftsvertrag aber wird schon aus dem Grunde dem wirtschaftlichen Interesse nicht voll gerecht, weil der Gesellschaftsvertrag ebenso wie die ihm beigefügten zu seinem rechtlichen Bestande gehörenden Verträge durch die Einreichung zum Handelsregister öffentlich bekannt, jedem Interessenten, also auch jedem Konkurrenten zugängig werden. Außerdem hat die Aufnahme in den Gesellschaftsvertrag den Nachteil, daß jede Änderung in den schwerfälligen Formen der Statutenänderung ev. sogar mit Einstimmigkeit (§ 276 HGB., § 53 Abs. 3 GmbHG.) geschehen muß, was bei den stets in Fluß befindlichen wirtschaftlichen Verhältnissen eine große Erschwerung bedeutet.

Ein großer Teil der Kartelle hat daher von der einheitlichen Regelung aller Verpflichtungen im Gesellschaftsvertrage Abstand genommen. Entweder ist die Gesellschaft lediglich als Kapitalsgesellschaft gegründet, ohne einen Hinweis darauf, daß die Gesellschafter noch sonstige Verpflichtungen übernommen haben (z. B. beim Rheinisch-Westfälischen Kohlensyndikat), oder es befindet sich ein rechtlich bedeutungsloser Hinweis im Gesellschaftsvertrage, wie z. B. beim Kalisyndikat: „zwischen den Gesellschaftern ist gleichzeitig ein Verkaufsvertrag geschlossen" oder beim Rheinisch-Westfälischen Zementsyndikat (Flechtheim S. 80): „die Gesellschafter sind verpflichtet, ihren Zement der Gesellschaft ausschließlich zum Verkauf zu überlassen". Daß eine derartig allgemeine Bestimmung nicht genügt, um den Vorschriften der Gesetze (§ 212 HGB., § 3 Abs. 2 GmbHG.), nach denen alle Bestimmungen über die Verpflichtungen der Mitglieder gegen die Gesellschaft im Gesellschaftsvertrage enthalten sein müssen, zu genügen, bedarf nicht der Erörterung (vgl. RG. 79, 336).

Es ist also bei derartig gegründeten Gesellschaften, mögen sie im Gesellschaftsvertrage überhaupt nichts oder nur eine, wie dargelegt, bedeutungslose Phrase enthalten, zu untersuchen, ob die Aufnahme der eigentlichen Kartellverpflichtungen in den Lieferungsvertrag rechtsgültig ist.

Maßgebend für die Entscheidung der Fragen sind die bereits erwähnten § 212 HGB., § 3 Abs. 2 GmbHG., die inhaltlich gleichlautend vorschreiben, daß Verpflichtungen, die neben der Leistung von Kapitalseinlagen den Gesellschaftern auferlegt werden, der Aufnahme in den Gesellschaftsvertrag bedürfen. Es ist unstreitig, daß, soweit derartige Verpflichtungen nicht in den Gesellschaftsvertrag aufgenommen sind, diese nichtig sind und eventuell (vgl. § 139 BGB.) den ganzen Vertrag, durch den sie auferlegt sind, nichtig machen. Es ist ferner unstreitig, daß alle wesentlichen Bestandteile der Verpflichtungen aus dem Gesellschaftsvertrage zu ersehen sein müssen (vgl. § 5 Abs. 4 GmbHG., § 186 Abs. 2 HGB.; RG. 79, 336).

Anderseits ist aber ebenso unzweifelhaft, daß die Vorschrift nur für die Verpflichtungen gilt, die den Gesellschaftern als solchen auferlegt werden, die also *gesellschaftliche* Verpflichtungen sind, und daß die Gesetze nicht verbieten, daß durch selbständige, außerhalb des Gesellschaftsverhältnisses stehender Verträge, die den Formvorschriften nicht unterworfen sind, die Aktiengesellschaft und die Gesellschaft m. b. H. mit ihren Gesellschaftern wie mit Dritten Verträge schließt, die keine gesellschaftlichen Rechte und Pflichten normieren. Diesen in der Theorie unbestrittenen (vgl. Staub-Hachenburg Gesellschaft m. b. H. § 3 Anm. 41; Staub-Pinner HGB. Anm. 3 zu § 212; Flechtheim S. 81) Satz hat das Reichsgericht in dem bereits mehrfach erwähnten Erkenntnis im 79 Bd. S. 333, dem in diesem Punkt unbedingt beizustimmen ist, und ferner in einem Erkenntnis vom 15. April 1913 (abgedruckt in Juristische Wochenschrift 1913 S. 743) scharf und unzweideutig ausgesprochen.

Die zu entscheidende Frage ist also die, wann die in den üblichen Nebenverträgen enthaltenen Verpflichtungen gesellschaftlicher Natur sind? Über diese Frage besteht bereits reichhaltiges Material, das, allerdings ganz anderen wirtschaftlichen Verhältnissen entstammend, hier verwertet werden kann.

Die Vorschrift des § 212 HGB. ist bekanntlich erst durch das jetzige HGB. eingeführt worden; vorher, unter der Herrschaft des alten HGB., konnten den Aktionären nur Kapitalverpflichtungen auferlegt werden, und eine G. m. b. H. gab es bis 1892 überhaupt nicht. Auch hier aber, wie so vielfach im Aktienrecht, durchbrach die wirtschaftliche Notwendigkeit die gesetzlichen Vorschriften. Bei den Rübenzuckergesellschaften war es unabweisbar, neben der Kapitalsverpflichtung der Aktionäre, ihnen die Pflicht zum Bau und zur Lieferung von Rüben aufzuerlegen. Das Reichsgericht hat in feststehender Rechtsprechung diese Verpflichtungen als Bestandteil des Gesellschaftsvertrages für nichtig erklärt (vgl. z. B. RG. 37, 140), dagegen ihnen den Charakter selbständiger Nebenverträge, die als solche gültig wären, zugesprochen. Es befinden sich in der Judikatur des Reichsgerichts zahlreiche Entscheidungen, die sich mit der Rechtsgültigkeit dieser Verträge beschäftigen, und die dort festgestellten Grundsätze können jetzt für die rechtlich gleichliegenden Kartellverträge zur Erörterung der Frage herangezogen werden, wann derartige Verpflichtungen als gesellschaftliche anzusehen sind.

So sagt das Reichsgericht (Bd. 21 S. 148), es müsse eine Scheidung der aktiengesellschaftlichen Verhältnisse und der besonderen Verträge möglich sein, damit letztere gültig würden, insbesondere dürfe die Vergütung für die zu liefernden Produkte nicht nach dem Geschäftsgewinn der Aktiengesellschaft erfolgen; überhaupt dürfe diese Vergütung nicht lediglich von der finanziellen Lage der Aktiengesellschaft abhängig sein (vgl. RG. 26, 91); der Preis müsse ein bestimmter oder wenigstens objektiv bestimmbarer sein (RG. in JW. 1903, 342). Ferner wird in der Entsch. Bd. 17 S. 15ff. ausgeführt, der Nebenvertrag müsse so angesehen werden, als sei er zwischen der Gesellschaft und dritten Personen abgeschlossen. Selbst wenn durch die Konstruktion der beiden Verträge nebeneinander sich die Möglichkeit ergäbe, daß Aktienrecht und Rübenlieferungspflicht auseinanderfallen, sei nicht etwa anzunehmen, daß der Wille der Beteiligten, die eine solche Wirkung nicht gewollt haben, dahin ging, daß der ganze Vertrag ungültig sei (RG. 26, 90; vgl. jetzt §§ 140, 157 BGB.). Das Rübenlieferungsverhältnis müsse „eine bestimmte rechtsgeschäftliche Individualität zur Darstellung bringen" (RG. 26, 91); es müsse grundsätzlich von dem Gesellschaftsverhältnisrecht ablösbar sein (RG. in JW. 1903, 343). Für zulässig wird erachtet, daß der Rübenpreis alljährlich durch den Aufsichtsrat der Aktiengesellschaft festgestellt wird, indem hierin eine Feststellung nach billigem, nach Maßgabe des Wertes der Rüben zu bestimmenden Ermessen verstanden sei (RG. 26, 92).

Diese Entscheidungen geben wichtige Fingerzeige für die Auslegung des Begriffes „gesellschaftliche" Verpflichtungen. Daß derartige Nebenverträge noch heute unter der Herrschaft eines Rechts, das jetzt die Konstruktion solcher Verpflichtungen als gesellschaftlicher gestattet, zulässig sind, kann nach den Grundsätzen der allgemeinen Vertragsfreiheit, die nur ihre Grenze in den Verbotsgesetzen findet, nicht bezweifelt werden. Das Reichsgericht erkennt dies auch ausdrücklich an (vgl. insbesondere Entsch. in JW. 1913, 743). Demnach können die Verpflichtungen der Kartellmitglieder in den Nebenverträgen enthalten sein, soweit sie nicht gesellschaftlicher Natur sind.

Über den Inhalt derartiger in den Nebenverträgen enthaltenen Verpflichtungen ist folgendes zu sagen:

Es ist bei der Auslegung der Nebenverträge davon auszugehen, daß der Gesellschaftsvertrag und der meist Lieferungsvertrag genannte Nebenvertrag juristisch zwei verschiedene jeder nach den für ihn bestehenden gesetzlichen Vorschriften zu beurteilende Verträge sind. Es ist davon auszugehen, daß die unzweifelhaft vorhandene wirtschaftliche Zusammengehörigkeit der Verträge nicht dazu verführen darf, die formellen Vorschriften, die für den Gesellschaftsvertrag bestehen, zu beseitigen. Es ist demnach unzulässig, wesentliche Bestimmungen des Gesellschaftsvertrages aus dem Lieferungsvertrage zu ergänzen, während bei der Formfreiheit des letzteren die Ergänzung des Willens der Beteiligten aus dem Gesellschaftsvertrage für zulässig zu erachten ist. In Verfolg dieses Grundsatzes ist sehr wohl möglich, im Lieferungsvertrage zu bestimmen, daß dieser ohne weiteres endigt, wenn die juristische Person in Liquidation tritt, ferner, daß der im Lieferungsvertrag vorgesehene Vertreter oder Vorstand identisch ist mit dem Vorstand der juristischen Person, daß der Aufsichtsrat der letzteren auch den Beirat der zur Vereinigung der im Lieferungsvertrage vereinigten Teilnehmer bildet, daß der gewöhnlich und zweckmäßigerweise an die Genehmigung der Gesellschaft geknüpfte Verkauf der Aktien oder GmbH.-Anteile auch das Ausscheiden aus dem Lieferungsvertrage zur Folge hat. Ebenso kann man aber auch anderseits bestimmen, daß die Gesellschaft in Liquidation tritt, wenn der Lieferungsvertrag endigt, nicht aber kann im Gesellschaftsvertrage bestimmt werden, daß die Vorstandsmitglieder der vereinigten Lieferanten ohne weiteres Vorstand der juristischen Person sein müssen, oder daß das Ausscheiden aus dem Lieferungsvertrage ohne weiteres das Ausscheiden aus der Gesellschaft zur Folge hat. Die beiden letzteren Vorschriften wurden, wenn sie im Gesellschaftsvertrage enthalten wären, den formellen Vorschriften des Aktien- und GmbH.-Rechts widersprechen.

Unbedingt nötig ist, daß die Pflichten und Rechte der Lieferungsverpflichteten aus dem Lieferungsvertrage hervorgehen. Es muß der Umfang der Lieferungspflicht sowohl wie die Vergütung, die sie dafür erhalten, im vollen Umfange bestimmt oder objektiv bestimmbar sein, ebenso wie die Grenzen ihres Lieferungsrechts bzw. ihrer Lieferungspflicht; sei es, daß eine Kontingentierung eintritt, sei es, daß das Lieferungsrecht in anderer Weise, z. B. durch Bezugnahme auf den Lieferungsumfang früherer Jahre, bestimmt wird. Unzulässig ist es unbedingt, die Vergütung derart zu bestimmen, daß sie lediglich von dem finanziellen Ergebnis der Gesellschaft abhängt. Eine Konstruktion also, daß die Lieferanten keine direkte Vergütung erhalten, vielmehr auf den Gewinn der Gesellschaft, die die Produkte verkauft, angewiesen sind, ist nicht möglich, denn dann wäre die Verpflichtung des Lieferungsvertrages rein gesellschaftlich.

Einer besonderen Erörterung bedarf dann noch die Frage der sehr häufig im Lieferungsvertrage vereinbarten Strafen für Nicht- oder mangelhafte Erfüllung der Verträge oder für deren Umgehung. Hier erhebt sich zunächst die Frage nach der Aktivlegitimation, da der Lieferungsvertrag gewöhnlich in der Form der Gesellschaft des bürgerlichen Rechts konstruiert wird, und diese als solche nicht klagen kann. Hier steht an sich nichts im Wege, durch den Vertrag eine Person oder den zu bildenden Vorstand zu beauftragen, im eigenen Namen die Strafforderungen geltend zu machen, indem man ihn zugleich verpflichtet, die Einnahmen abzuliefern; man kann auch, worin ich Flechtheim (S. 51) beistimme, die Gesellschaft im Lieferungsvertrage mit der Geltendmachung der Forderungen beauftragen, sie bzw. ihren Vorstand als Prozeßvertreter bezeichnen. Rechtliche Bedenken hiergegen dürften nicht vorhanden sein. Dagegen erscheint es mir entgegen einer von Flechtheim vertretenen Ansicht sehr zweifelhaft, ob man bestimmen kann, daß die Strafen dem Vermögen der Gesellschaft und nicht dem Vermögen der durch den Lieferungsvertrag gebildeten Vereinigung zufließen. Wird die Gesellschaft, wie es Flechtheim wünscht, in diesem Sinne Vermögensträgerin der Vereinigung, so sind die Strafen eine gesellschaftliche Verpflichtung — eine Folgerung, die kaum abzuweisen sein dürfte. Diese gesellschaftlichen Verpflichtungen aber bedürfen nach der obigen Ausführung der Aufnahme in den Gesellschaftsvertrag. Es wäre natürlich einfacher, praktischer und den wirtschaftlichen Zwecken dienlicher, wenn man in dieser Weise die Gesellschaft als Vermögensträgerin konstruieren könnte; es scheitert dies aber an den formellen gesellschaftrechtlichen Vorschriften, die beobachtet werden müssen. Es bleibt also nichts übrig, als im Lieferungsvertrage zu bestimmen, daß die eingehenden Beträge dem Vermögen der durch den Lieferungsvertrag begründeten Gesellschaft des bürgerlichen Rechts zufließen.

Aus dem Gesagten dürfte hervorgehen, daß es möglich ist, die Klippe, die in der Zweiteilung der Verträge liegt, allerdings unter genauer juristischer Prüfung aller Einzelheiten, zu umschiffen und auch bei den Kartellorganisationen, bei denen eine Zweiteilung der Verträge für nötig erachtet wird, eine feste und rechtlich unangreifbare

Bindung der einzelnen Beteiligten zu erreichen. Das Reichsgericht hat sich bereits mit der hier behandelten Frage beschäftigt, und zwar in RG. 79, 331, die in den beteiligten Kreisen eine lebhafte Beunruhigung hervorgerufen hat. Diese Beunruhigung dürfte unberechtigt sein, denn wenn man das Reichsgerichtsurteil richtig liest, kommt es zu dem hier entwickelten Grundsatz. Das Urteil geht davon aus, daß Nebenverträge neben Gesellschaftsverträgen zulässig seien, soweit sie nicht Pflichten gesellschaftlicher Natur konstruieren. Gesellschaftliche Pflichten, insbesondere Strafgedinge gesellschaftlicher Art, können in diesen Nebenverträgen nicht vereinbart werden. Bei der Untersuchung geht das Reichsgericht davon aus, daß der Zusammenhang der beiden Verträge zur Grundlage genommen werden müsse. Da dem Gericht, wie es ausdrücklich erklärt, die Verträge nicht vorgelegen haben, hat es die Sache zur nochmaligen Erörterung an die Vorinstanz zurückverwiesen. Alles dies widerspricht nicht den oben dargelegten Grundsätzen. Nur wird der Richter bei der Frage, ob der Lieferungsvertrag als selbständiger Vertrag gedacht sei, sich lediglich von der objektiven Prüfung des Inhalts der Verträge leiten lassen müssen. Eine Ermittlung des Willens der Parteien wird in den meisten Fällen zu keinem Resultat oder zu Irrschlüssen führen. Eine Gruppe von Kaufleuten, die einen Kartellvertrag schließt, wird sich zwar gewöhnlich sehr eingehend und unter harten Kämpfen mit den materiellen Fragen, insbesondere der Verteilung der Lieferungen unter die einzelnen, mit den Preislimiten usw. beschäftigen. Sind sie aber hierin einig, so wird ihnen die juristische Form im allgemeinen Nebensache sein; sie beauftragen den Kartellsyndikus oder sonst einen Juristen mit der Abfassung der Verträge, bei der sie nur prüfen, ob die materiellen Rechte und Pflichten der Vereinbarung gemäß aufgenommen sind. Die Unterscheidung, ob ihre Verpflichtungen gesellschaftliche sind oder nicht, wird ihnen fast immer gleichgültig sein. Der Richter wird daher aus dem Inhalt der Verträge lediglich zu prüfen haben, wie die Verträge ineinandergreifen, insbesondere ob der Lieferungsvertrag gesellschaftliche Pflichten enthält. Da es sich um eine Formvorschrift, nämlich um die Bestimmung, daß gesellschaftliche Verpflichtungen in den Gesellschaftsvertrag in der für diese vorgeschriebenen Form aufgenommen werden müssen, handelt, so ist nur der Inhalt der Verträge maßgebend. Der Wille der Parteien wird nur insofern in Betracht kommen, als sie zweifellos etwas Rechtswirksames gewollt haben. Der Richter muß, soweit keine positive Gesetzesvorschrift, insbesondere keine Formvorschrift entgegensteht, diesem Willen Geltung verschaffen.

Legt man den letzten Absatz der Reichsgerichtsentscheidung so aus, und es liegt weder dem Wortlaut noch dem Sinn nach ein Grund vor, diese anders auszulegen, so kommt man zu einem mit dieser Darlegung übereinstimmenden Resultat. Es wird dadurch nicht ein starres formelles, sondern ein den Interessen des Verkehrs dienendes, dem Willen der Parteien gemäßes Recht geschaffen.

Das Recht des Vorsitzenden der Generalversammlung gegenüber störenden Aktionären.

Verschiedene Vorfälle der letzten Zeit haben gezeigt, daß der im Deutschen Reich während des Krieges verkündete Burgfriede keine Wirkung auf die Generalversammlungen der Aktiengesellschaften hat. Dort hat der Kleinkrieg fortgedauert, insbesondere wenn die Aktionäre Grund zu haben glaubten, mit der Verwaltung nicht zufrieden zu sein.

Es ist zu befürchten, daß nach Beendigung des Krieges dieser Zustand fortdauern wird. Die Einstellung der Aktiengesellschaften auf den Friedenszustand, die zu erwartenden hohen Belastungen mit Steuern, die hierdurch hervorgerufenen Bilanzschwierigkeiten werden soviel Differenzpunkte ergeben, daß gerade hier die Geister vielfach aufeinander platzen werden.

Das Amt des Vorsitzenden der Generalversammlung wird daher auch in Zukunft bei vielen Gesellschaften ein sehr schwieriges und verantwortungsvolles sein, denn es hängt im allgemeinen die ordentliche Erledigung der Tagesordnung einer Versammlung von der Autorität und dem Takte dessen, der die Versammlung leitet, ab.

Über die Frage, welche Rechte der Vorsitzende einer Generalversammlung hat, herrscht vielfach Unklarheit und Unsicherheit. Gerade bei den großen Aufgaben, die in der nächsten Zeit an die Leiter der Generalversammlungen gestellt werden, dürfte es zeitgemäß sein, sich über den Umfang dieser Rechte klar zu werden, denn nur der vermag kräftig und energisch von seinem Rechte Gebrauch zu machen, der sich der Ausdehnung und der Grenzen seines Rechts klar bewußt ist.

Vorweg ist zu bemerken, daß das Gesetz in dieser Beziehung keinerlei Anhaltspunkte gibt. Zwar kennt das HGB. den Vorsitzenden der Generalversammlung (vgl. §§ 258 und 254 Abs. 3), nirgends aber spricht es aus, wer Vorsitzender sein soll und welche Befugnisse er hat. Ersteres regelt meist der Gesellschaftsvertrag; die Befugnisse des Vorsitzenden dagegen sind meist ebensowenig wie im Gesetz im Statut geregelt.

Es ist nun bei dem Mangel jeder positiven Vorschrift auf verschiedene Weise versucht worden, die Befugnisse des Leiters der Generalversammlung abzugrenzen. Der Versuch Staubs in Anlehnung an die Grundsätze deutscher Parlamente, ein Instruktionsbuch über den Umgang mit Aktionären zu schaffen, mißlang und mußte schon deswegen mißlingen, weil wir kein einheitliches parlamentarisches Recht haben, vielmehr jede der staatlichen und kommunalen Korporationen Deutschlands ihre besondere Geschäftsordnung besitzt, die untereinander kaum in den Hauptpunkten übereinstimmen. Andere Versuche, wie der neueste (Horrwitz), der in seinem Buch über Generalversammlung mangels anderer Vorschriften zu den Bestimmungen über Notwehr und Schikane greift, sind gekünstelt, regeln höchstens einzelne Punkte, erschöpfen aber nicht die Materie.

Meiner Ansicht nach bedarf es einer Hilfskonstruktion nicht. Es genügt die Tatsache, daß eine vom Gesetz vorgeschriebene Versammlung mit Billigung des Gesetzes, sei es auf Grund des Statuts, sei es auf Grund einer Wahlhandlung, einen Vorsitzenden erhält, der die Versammlung leiten soll.

Aus dieser Tatsache allein ergibt sich der Umfang des Rechts.

Unser altes preußisches Landrecht hatte in § 89 der Einleitung einen Rechtsgrundsatz, der alle Schwierigkeiten ohne weiteres löst. Dort heißt es nämlich:

„Wem die Gesetze ein Recht geben, dem bewilligen sie auch die Mittel, ohne welche dasselbe nicht ausgeübt werden kann."

Nun ist zwar dieser Rechtsgrundsatz nicht ausdrücklich vom BGB. übernommen; es geschah dies aber nur deswegen nicht, weil er selbstverständlich ist, seine dauernde Geltung wird daher auch nicht bezweifelt (vgl. Dernburg, Das Bürgerliche Recht Bd. 1 S. 108).

Demgemäß ist die Frage, welche Befugnisse der Leiter einer Generalversammlung hat, dahin zu beantworten, daß er die Mittel anzuwenden berechtigt ist, ohne welche er das ihm übertragene Recht der Leitung nicht ausüben kann.

Nun ist die Generalversammlung der Ort, an dem die Aktionäre Anträge stellen, Beschlüsse fassen, die ihnen gesetzlich als Mehrheits- oder Minderheitsrechte zustehenden Befugnisse ausüben, ferner sich aussprechen, auch das allerdings vom Reichsgericht neuerdings stark beschränkte Fragerecht ausüben.

Die Durchführung dieser Rechte hat der Leiter der Generalversammlung zu gewährleisten.

Daraus folgt:

Zunächst hat der Vorsitzende dafür zu sorgen, daß dem Gesetz und dem Statut Genüge geschieht. Er hat hierbei seine persönliche Ansicht zurückzustellen und lediglich dafür zu sorgen, daß ordnungsmäßig gestellte Anträge ordnungsmäßig zur Abstimmung kommen; er ist hierbei in erster Linie Hüter der Rechte der Minderheit bzw. der Einzelaktionäre, soweit Gesetz und Statut deren Rechte anerkennen. Über diese Seite der Frage herrscht auch im allgemeinen kein Streit, nur sehr unfähige und böswillige Vorsitzende werden sich dazu hergeben, die Beschränkung der Minderheitsrechte zu versuchen, da jeder weiß, daß eine Anfechtung gemäß § 271 HGB. stets zum Ziel führt, wenn Minderheitsrechte verletzt werden. Viel streitiger dagegen ist in der Praxis die andere Seite der Frage:

Muß der Vorsitzende auch die Mehrheit schützen, wenn die Minderheit oder Einzelaktionäre Beratung oder Beschlußfassung stören oder unmöglich machen?

Wie häufig ist es schon vorgekommen, daß eine kleine aber lungenstarke Minderheit oder auch eine einzelne Person, die ein Interesse an der Verschleppung hat, durch Schreien, Toben oder zweckloses dauerndes Reden Abstimmungen unmöglich gemacht und einen schwachen Vorsitzenden gezwungen hat, die Versammlung unerledigt auseinandergehen zu lassen.

Der Vorsitzende, der sich auf diese Weise von Einzelaktionären unterjochen läßt, handelt genau so pflichtwidrig wie der, der die Rechte der Minderheit verletzt. Die Leitung hat das Ziel, einen dem Gesetz entsprechenden Beschluß zustande zu bringen; wer dies verhindert, der greift in die Rechte der Leitung ein und demgegenüber kann die Leitung die Mittel gebrauchen, die nötig sind, um die Störung zu beseitigen. Sie kann es aber nicht nur, sie muß es auch; sie muß die Generalversammlung davor schützen, daß einzelne sie an der ordnungsmäßigen Erledigung der Tagesordnung hindern.

Die Mittel, die der Leiter zu gebrauchen berechtigt und auch verpflichtet ist, gehen so weit wie sie nötig sind. Er wird den Störenden zunächst zur Ordnung rufen, er wird ihn ermahnen, ihm mit Wortentziehung drohen, ihm das Wort entziehen und schließlich, wenn nichts hilft, ihn, wenn nötig, durch Gewalt aus dem Versammlungslokal entfernen lassen. Natürlich wird er sich zu diesem äußersten Mittel erst entschließen, wenn alles andere vergeblich war, hat er aber alles vorher versucht, dann handelt er auch, indem er den Störenden entfernen läßt, innerhalb der Grenzen des ihm zustehenden Rechts und wird eine Anfechtungsklage des Aktionärs, der durch sein Verhalten derartige Maßnahmen provoziert hat, sicher nicht zum Ziele führen.

Gegenüber den Überschreitungen, die vielfach in Generalversammlungen sich gezeigt haben, ist es unbedingt nötig, die Rechte des Vorsitzenden einmal klar und deutlich festzustellen, denn gerade wenn der Vorsitzende sich des Umfangs seiner Rechte bewußt ist, wird er leichter die Störung verhindern, als wenn er zwischen zu strenger und zu milder Handlung seines Rechts hin und her schwankt.

Schließlich entscheidet gerade bei dem verantwortungsvollen und großen Takt erfordernden Amte des Leiters einer Generalversammlung nicht nur das Recht, welches ihm zusteht, sondern vor allem die Art, wie er dieses Recht ausübt, denn auch hier gilt das, was Goethe als höchstes Glück der Erdenkinder preist: „Die Persönlichkeit.“

Die Minderheitsrechte der Aktionäre und das Reichsgericht.

Wenn sich mehrere Personen zum Betriebe eines Geschäfts zusammenschließen, so bilden sie eine Gesellschaft. Je mehr das Wirtschaftsleben sich entwickelt, desto mehr Formen werden für das gesellschaftliche Zusammenarbeiten gefunden werden. Es ist nicht möglich, das vielgestaltige geschäftliche Leben in eine durch das Gesetz bestimmte Form zu pressen; täte es der Gesetzgeber, so würde unzweifelhaft das Bedürfnis die Fesseln sprengen. So muß das Recht sich dem Interesse des Verkehrs beugen; es tut dies, indem es eine sich stetig sich mehrende Zahl von Rechtsgebilden zur Auswahl darbietet. Alle fallen unter den Begriff der Gesellschaft, d. h. einer Vereinigung zu einem bestimmten Zwecke. Unter sich aber bieten die einzelnen Arten der Gesellschaft eine Fülle von Verschiedenheiten, die es jedem ermöglichen, sich die Form auszusuchen, die seinem wirtschaftlichen Interesse am besten entspricht.

Zwei Hauptgruppen von Gesellschaften haben sich im Laufe der Zeit herausgebildet, die Personalvereinigung und die Kapitalvereinigung. Treten zwei Parteien zusammen, um mit Einsetzung ihrer ganzen Person und ihres gesamten Vermögens ein Geschäft zu führen, so bilden sie die offene Handelsgesellschaft, die reinste Form der Personalvereinigung, insbesondere wenn die Gesellschafter die gesetzliche Regel, daß Stimmeneinheit entscheidet, nicht ausschließen. Den entgegengesetzten Pol bildet die Aktiengesellschaft. Auch hier vereinigt sich eine Anzahl von Personen, aber jede legt nur eine bestimmte Einlage ein; es wird eine Organisation geschaffen, die die Einlagen verwaltet und verwertet; der einzelne – der Aktionär – scheidet als Person aus; er haftet lediglich mit seiner Einlage, ist auch persönlich als solcher nicht tätig. Es bildet sich also hier eine reine Vereinigung von Kapitalien.

Nun könnte man sich rein theoretisch die Konstruktion hier so denken, daß das zusammengebrachte Kapital von einer eingesetzten Verwaltung nutzbar gemacht wird, ohne daß die, die es zusammengebracht, ein Mitverwaltungs- oder ein Einspruchsrecht haben, etwa wie ein Testamentsvollstrecker das vom Erblasser hinterlassene Vermögen ohne Einspruchsrecht derer, denen es gehört, zu verwalten hat. Eine solche Konstruktion wäre aber natürlich praktisch ganz unbrauchbar, denn der, der sich an einem Unternehmen beteiligt, will das Recht haben, mitzusprechen. Es ist eins der interessantesten und schwierigsten Probleme des Aktienrechts — nur von diesem als der reinsten Form der Kapitalsassoziation soll die Rede sein —, wie das Recht des einzelnen Aktionärs zur Mitverwaltung rechtlich zu gestalten ist. Daß der Grundsatz der Stimmeneinhelligkeit, der die offene Handelsgesellschaft beherrscht und sie dadurch zu einer Art geschäftlichen Ehe macht, nicht durchführbar ist, ist ohne weiteres klar.

Bei einer großen, begrifflich wechselbaren und stets wechselnden Mitgliedschaft kann nicht der einzelne das Recht haben, bei jeder geschäftlichen Betätigung sein Veto einzulegen. Es muß also ein alle Aktionäre zusammenfassendes Organ geschaffen werden, das deren Willen zum Ausdruck bringt: die Generalversammlung, wie sie sich auch wohl in allen Gesetzen über Aktiengesellschaften findet; sie ist das Parlament der Aktionäre. Wer aber soll hier entscheiden? Wessen Ansicht soll hier die maßgebende sein? Trotz aller Bedenken gegen Mehrheitsentscheidungen wird die Antwort nicht anders lauten können, als daß die Mehrheit der Stimmen ausschlaggebend ist. Wir haben bisher keine andere Art gefunden, eine vielköpfige Versammlung entscheiden zu lassen, als, indem wir die Präsumption aufstellen, daß die Mehrheit, die das größte Interesse vertritt, auch am besten wissen muß, was der Allgemeinheit förderlich ist. Da aber dies nur eine Präsumption ist, so muß Vorsorge getroffen werden, daß die Mehrheit ihr Recht nicht schrankenlos ausübt, daß sie sich nicht über wohlerworbene Rechte oder überhaupt über Gesetz und Recht hinwegsetzt. Nach reiflicher Erwägung und wohlüberlegt hat demgemäß auch unser Aktiengesetz eine Reihe von Vorschriften aufgestellt, die der Minderheit und auch den Einzelaktionären Rechte gegen die Willkür der Mehrheit geben. Abgesehen von den sogenannten Sonderrechten, die ohne Zustimmung des Berechtigten überhaupt nicht geändert werden können, ferner von gewissen Minderheitsrechten, die einer gewissen Zahl von Aktien Rechte geben, die sie auch gegen die Aktienmehrheit durchsetzen können, z. B. das Recht auf Revision, auf Erhebung von Regreßforderungen usw., ist die praktisch wichtigste Vorschrift die des § 271 HGB. Jeder Aktionär, auch wenn er nur eine Aktie hat, kann gegen Beschlüsse der Generalversammlung protestieren und sie anfechten, wenn sie gegen Statut oder Gesetz verstoßen. Wie jedes Recht, kann auch dies gemißbraucht werden. Jede Anfechtung, mag sie noch so unbegründet sein, ist eine Unannehmlichkeit für die Gesellschaft und die leitenden Kreise. Hierauf wird oft spekuliert und die Anfechtungsmöglichkeit zu Handlungen benutzt, die man im weiteren Sinne einfach als Erpressung bezeichnen kann. Dies muß aber in den Kauf genommen werden, weil anderseits dies Recht der Anfechtung ein wirksames Recht gegen schrankenlose Willkürherrschaft ist, und solch Schutz sich als eine unbedingte Notwendigkeit darstellt.

Durch die Rechtsentwicklung hat dies Anfechtungsrecht eine äußerst wichtige Erweiterung erfahren. Nachdem jetzt allgemein auch vom Reichsgericht der Grundsatz anerkannt ist, daß die Regel des BGB., nach welcher jedes Geschäft, das gegen die guten Sitten verstößt, nichtig ist, auch auf die Beschlüsse der Generalversammlungen anzuwenden ist, ist jedem Aktionär durch § 271 die Möglichkeit gegeben, die Anfechtung auch hierauf zu stützen. Also nicht nur, wenn eine bestimmte Vorschrift des Statuts oder des Gesetzes verletzt ist, sondern da, wo sich der Beschluß allgemein als sittenwidrig darstellt, unterliegt er der Anfechtung bzw. der Nichtigkeit – eine äußerst scharfe Waffe, die dem einzelnen gegeben ist und die die Mehrheit hindert, unbedingt ihren Willen auch gegen das Gesetz durchzusetzen.

Nun sollte man annehmen, daß, nachdem das Gesetz aus sehr wohlerwogenen Gründen einen gewissen Schutz gegen die Unterdrückung der Minderheit durch die Mehrheit geschaffen hat, die Praxis es sich angelegen sein ließe, dieses Recht auch wirklich dem Sinne des Gesetzes gemäß zu schützen. Man muß auch anerkennen, daß dies in den unteren Instanzen geschieht. Gerade in den letzteren Jahren aber hat das Reichsgericht verschiedene Entscheidungen erlassen, die zwar wortgemäß das Recht nicht antasten, in ihrem praktischen Ergebnis aber dazu dienen, die Anfechtungsbefugnis zu beschränken und zum Teil zu beseitigen. Wie ein roter Faden zieht sich durch diese Entscheidungen der Grundsatz, daß die Minderheit oder der Einzelaktionär sich bei dem, was die Mehrheit gesprochen hat, bescheiden müssen.

Zum erstenmal hat sich das Reichsgericht in dem Hiberniafall, der eine Fülle von aktienrechtlichen Fragen aufgeworfen hat, zu dieser Ansicht bekannt. Dort war beschlossen worden, Vorzugsaktien auszugeben, und zwar sollten unter Ausschluß des Bezugsrechts der Aktionäre Gebote von Personen abgelehnt werden, die nach Ansicht des Vorstandes den Erwerb der Aktien benutzen würden, um den Fortbestand der Gesellschaft zu gefährden, d. h. mit anderen Worten, es sollten die Aktien der bisherigen Mehrheit überlassen werden, um diese zu stärken.

Dieser Beschluß wurde als gegen die guten Sitten verstoßend angefochten. Das Reichsgericht hat, an sich wohl mit Recht, die Anfechtung verworfen, nur die Gründe, die es anführt, sind höchst bedenklich. Hätte es einfach gesagt, daß die Mehrheit, die ein Unternehmen fortführen will, das Recht hat, ihre Macht einzusetzen, um alle Versuche anderer, die das Unternehmen erwerben wollen, zu vereiteln und daß Beschlüsse, die dahin zielen, nicht sittenwidrig seien, so wäre hiergegen nichts zu sagen gewesen; statt dessen aber stellt es den in seiner Allgemeinheit zu ungeheuerlichen Konsequenzen führenden Satz auf: „Im Gesetz ist der Grundsatz zur Anerkennung gelangt, daß die Mehrheit über die Verwaltung und darüber entscheidet, was im Interesse der Gesellschaft und *ihrer Aktionäre* zu tun und zu lassen ist.“

Das Gesetz stellt diesen Grundsatz nirgends auf. Das Gesetz gibt der Mehrheit das Recht, die Verwaltung zu wählen und durch Stimmenabgabe in der Generalversammlung Beschlüsse zu fassen. — In § 250 ist aber ausdrücklich gesagt, daß die Rechte den Aktionären in Angelegenheiten *der Gesellschaft* zustehen; nicht das Interesse der Aktionäre, wie es das Reichsgericht durch die Worte „und ihrer Aktionäre“ andeutet, entscheidet, sondern nur das Interesse der Gesellschaft. — Faßt die Generalversammlung einen Beschluß, der offensichtlich gegen das Interesse der Gesellschaft, zum Nutzen aber der Aktionäre, selbst wenn diese die Mehrheit bilden, verstößt, so ist dieser Beschluß gesetzwidrig und nach § 271 HGB. anfechtbar.

Das Reichsgericht ist aber, trotzdem sich warnende Stimmen gegen die Gründe erhoben (Bondi, DJZ. 1908, 1007; Staub, 9. Aufl. Anm. 9 zu § 250), auf dem Wege zur Allgewalt der Mehrheit weitergegangen. In einer Entscheidung vom 11. Dezember 1913 (Holdheim Bd. 23 S. 66) wird folgender Fall behandelt:

In einer Aktiengesellschaft, die ein Kapital von 4500000 M. hatte, waren zwei Aktionäre, einer mit 4491, der andere mit 9 Aktien beteiligt. Letzterer war dem ersteren augenscheinlich unbequem. Da er aber jedenfalls freiwillig seine Aktien nicht verkaufen wollte, griff der Hauptaktionär zu einem sinnreichen Mittel. Die Generalversammlung, d. h. in diesem Falle der Großaktionär, beschloß Herabsetzung des Aktienkapitals um 100000 M.; es sollten je 45 Aktien auf 44 herabgesetzt werden. Natürlich konnte der zweite Aktionär, da er keine 45 Aktien hatte, dem Beschlusse nicht nachkommen. Es trat gemäß § 219 HGB. Kraftloserklärung und Versteigerung seiner Aktien ein, wobei diese der erste Aktionär erwarb.

Das Reichsgericht erkennt an, daß die ganze Transaktion lediglich den Zweck hatte, den zweiten Aktionär herauszudrängen. Es sieht aber darin lediglich eine Bestätigung des eigenen wirtschaftlichen Interesses, die nicht dadurch sittenwidrig wird, daß zunächst (!) der andere geschädigt und der Handelnde sich dieser Schädigung bewußt war. Hier sind aus dem Grundsatz, der im Hiberniafall in den Gründen ausgesprochen ist, daß die Mehrheit allmächtig ist, auch wenn es sich nicht um das Interesse der Gesellschaft, sondern um eigene Interessen der Mehrheitsaktionäre handelt, praktische Folgen gezogen.

Allerdings hat in einer ferneren Entsch. vom 22. Februar 1916 (JW. 1916, 575) in einem anderen Falle das Reichsgericht zugunsten der Minderheit entschieden. Es handelte sich dort um eine G. m. b. H., die 80000 M. jährlichen Verdienst hatte und bei der zwei Gesellschafter, die zugleich Geschäftsführer waren, sich gegenseitig verpflichtet hatten, einen Beschluß herbeizuführen, daß ihnen je 20000 M. Gehalt zugebilligt würden. Diese Schädigung der Minderheitsgesellschafter zugunsten der Mehrheit erschien dem Reichsgericht denn doch zu schlimm und hat es diesen Vertrag wegen Sittenwidrigkeit für nichtig erklärt.

Aber nicht nur durch Aufstellung des Grundsatzes der Allmacht der Mehrheit zeigt das Reichsgericht, daß es den Minderheiten feindlich ist, es hat auch die Tendenz, Minderheitsrechte, die das Gesetz gibt, beschränkend auszulegen. Einen gewissen Schutz gegen den Egoismus der Mehrheit gibt § 252 Abs. 3 Satz 2 HGB., nach welchem der nicht mitstimmen darf, mit dem ein Rechtsgeschäft abgeschlossen werden soll. Diese Vorschrift hat das Reichsgericht durch seine Rechtsprechung durchlöchert. Zunächst hat es den allgemeinen Satz ausgesprochen (RG. 81, 37 und Entsch. vom 18. Januar 1915 in JW. 1915, 195[7]), daß bei Beschlüssen, die sich auf die inneren Angelegenheiten der Gesellschaft beziehen, den Aktionären das Mitbestimmen nicht deshalb verboten werden kann, weil der Inhalt des Beschlusses zugleich sich auf deren persönlichen Rechtskreis erstreckt, so daß also bei Wahlen, Abberufungen, Besoldungen der zu Wählenden oder Gewählten, bei Einforderung von Einzahlungen die Verpflichteten mitstimmen können, wodurch natürlich die Mehrheit bei diesen Angelegenheiten völlig freie Hand erhält.

Das Gericht ist aber über diese Folgerungen hinaus, die sich an sich nach dem Gesetze rechtfertigen lassen, noch weitergegangen. Nur wenn durch den Beschluß der Generalversammlung ein Geschäft wirklich abgeschlossen wird, sei den Beteiligten das Mitstimmen verboten, nicht aber, wenn die Generalversammlung den Vorstand erst anweist, das Geschäft abzuschließen (RG. 68, 241 und bei Holdheim Bd. 15 S. 244). Dem Wortlaut des § 252 entspricht allerdings diese Entscheidung, tatsächlich aber wird natürlich fast ausnahmslos der Vorstand den Beschluß der Generalversammlung ausführen. Bei einigermaßen geschickter Fassung des Beschlusses der Generalversammlung ist damit der gesetzlichen Bestimmung der Boden entzogen.

Wo aber, wie bei Fusionen, die Generalversammlung selbst die Verträge genehmigen muß, gibt das Reichsgericht ebenfalls einen Ausweg. Es handelte sich um einen großen, aufsehenerregenden Fall, bei dem eine Gesellschaft etwa $^9/_{10}$ des Aktienkapitals einer anderen Gesellschaft erworben hatte. Es sollte nun eine Fusion dieser Gesellschaft mit der Hauptaktionärin erfolgen. Da bei der Abstimmung die Hauptaktionärin nicht mitstimmen durfte, hatte sie vorher einen Teil der Aktien an eine Bank veräußert, die mit diesen Aktien für die Fusion stimmte. Ein Aktionär hatte eine Schadensersatzklage angestellt, und das OLG. Cöln hatte diesen Schadensersatz dem Grunde nach für gerechtfertigt erklärt, indem es ausführt, die Übereignung der

Aktien an die Bank, um dieser ein Stimmrecht zu verschaffen, sei ein gegen die guten Sitten verstoßendes nichtiges Geschäft. Bondi hat in der DJZ. 1914, 908 dieses Erkenntnis als in vollem Umfange dem allgemeinen Rechtsempfinden und einer gesunden Rechtsentwicklung entsprechend erklärt, und es ausgesprochen, daß es sehr erfreulich wäre, daß das Oberlandesgericht dazu gekommen sei, die Interessen der Minderheit gegen eine allzu brutale Ausnutzung der Mehrheitsmacht zu schützen.

Das Reichsgericht (Bd. 85 S. 170) hat sich auf einen anderen Standpunkt gestellt. Es führt aus, daß, wenn nur eine ernstlich gemeinte Veräußerung von Aktien vorliegt, es ein erlaubter Zweck sei, wenn die Veräußerung in der Absicht vorgenommen werde, daß der Erwerber in der Frage der Verschmelzung im Sinne und Interesse des Veräußerers stimmt. Es stellt fest, daß der Bank, die die Aktien erworben hatte, der Zweck der Aktionärin bekannt gewesen sei; der Rechtsboden sei aber nicht verlassen, wenn eine ausdrückliche Verpflichtung, im Interesse der Veräußerin zu stimmen, nicht abgegeben sei, so daß also die Bank immer noch in der Lage gewesen wäre, auch im entgegengesetzten Sinne zu stimmen.

Dies dürfte theoretisch richtig sein. Es ist aber doch wohl ganz selbstverständlich, daß, wenn eine Gesellschaft einer Bank Aktien veräußert und ihr den Zweck, zu dem diese Aktien veräußert werden, mitteilt, und wenn ferner, wie in dem Urteil festgestellt wird, die Bank absolut genau über das ganze Geschäft informiert war, sie auch stillschweigend die Verpflichtung übernahm, im Sinne der Veräußerin zu stimmen. Bei derartigen Geschäften zwischen großen Gesellschaften pflegt nicht alles ausdrücklich vereinbart zu werden; der eine weiß, was der andere will und handelt demgemäß. Auch hier ist also vom Reichsgericht der Schutz, den der § 252 der Minderheit gewährt, hinfällig gemacht worden, indem eine durchsichtige Umgehung dieser Vorschriften gutgeheißen wird.

Schließlich hat noch das Reichsgericht in seiner Entsch. vom 22. April 1913 (Bd. 82 S. 191) einen besonders schweren Schlag gegen die Minderheitsrechte geführt. Bisher nahm man an (vgl. Staub, 9. Aufl. § 260 Anm. 20, Marcuse in der LeipZ. 1912, 600), daß das Recht auf Auskunft, soweit es sachlich begründet war und nicht das Interesse der Gesellschaft auf Geheimhaltung berührt, jedem

Aktionär zustehe und daß die Nichtbeobachtung dieses Rechtes ein Recht zur Anfechtung gebe. Es ist doch das Wenigste, das jemand, der mit seinem Gelde bei einem Unternehmen beteiligt ist, verlangen kann, daß ihm mitgeteilt wird, wie sich im einzelnen die meist in der Bilanz nur sehr oberflächlich und versteckt gegebene Abrechnung stellt.

Diesem Recht hat in der oben bezeichneten Entscheidung das Reichsgericht den Todesstoß gegeben. Es erkennt an sich die Auskunftspflicht der Organe der Gesellschaft, die in mehreren Bestimmungen des Gesetzes erwähnt ist (§ 264, § 314 Nr. 1) an. Es erklärt aber, daß, wenn eine solche Auskunft nicht erteilt werde, sich der Anfragende an die Generalversammlung wenden müsse, diese, d. h. die Mehrheit, habe zu beschließen, ob die Auskunft erteilt werden solle; beschließe die Generalversammlung, die Frage nicht zu stellen, so habe sich der Aktionär hierbei zu bescheiden, abgesehen von einigen Ausnahmefällen, die praktisch nicht in Betracht kommen. Es ist dem Reichsgericht ohne weiteres zuzugeben, was es als Hauptgrund anführt, daß das Recht auf Auskunft mißbraucht werden kann. Dieses Schicksal aber teilt es mit jedem Recht, und es kann nicht ein Recht deswegen beseitigt werden, weil es zu Mißbräuchen führen kann. Ebensowenig ist der Umstand maßgebend, daß das Recht auf Auskunftserteilung nicht ausdrücklich als Sonderrecht im Gesetze gegeben ist. Der Gesetzestext kennt überhaupt den Begriff des Sonderrechts nicht. Theorie und Praxis folgern aber aus dem Zweck und dem Zusammenhang bei gewissen Rechten, daß sie jedem Aktionär zustehen und ihm nicht durch die Mehrheit entzogen werden können. Die Zusammenfassung der vom Reichsgericht in der gedachten Entscheidung angeführten Gesetzesstellen zeigt, daß das Gesetz davon ausgeht, daß die Bilanz erläutert werden müsse, und daß die Organe der Gesellschaft jedem Aktionär gegenüber die Pflicht zur Erläuterung haben, selbstverständlich nur so weit, als darunter das höhere Interesse, nämlich das der Gesamtheit, nicht leidet. Will ein Konkurrent aus eigensüchtigem Interesse durch die Auskunft Geschäftsgeheimnisse erfahren, oder werden sonst Fragen gestellt, die der Gesellschaft schädlich sind, dann kann mit Recht die Antwort verweigert werden; denn hier verficht der Aktionär nicht gesellschaftliche, sondern eigennützige Zwecke, und so weit reicht sein Recht nicht. Soweit er aber Aufklärung verlangt, die objektiv geeignet ist, Unklarheit der Bilanz zu beseitigen und vor allem als Grundlage für die Abstimmung zu dienen, so darf ihm dieses Recht nicht entzogen werden.

Der Weg, den das Reichsgericht in den vorstehend bezeichneten Entscheidungen einschlägt, geht folgerichtig einem Ziele zu: die Minderheit der Mehrheit gegenüber zu entwaffnen. An sich ist die Aktiengesellschaft Mehrheitsgesellschaft und kann es auch nicht anders sein. Der Gesetzgeber aber hat sich mit Recht gesagt, daß dem schrankenlosen Walten der Mehrheit gegenüber der Minderheit ein gewisser Schutz gegeben werden muß. Geht das Reichsgericht auf dem eingeschlagenen Wege weiter, dann bleibt von diesem Recht nur wenig übrig.

Diese Entwicklung entspricht nicht dem Gesetze, das dem Einzelaktionär bzw. der Minderheit gewisse Rechte, die schon an sich eng umschrieben sind, gegeben hat; sie entspricht aber auch nicht dem Interesse der Aktiengesellschaften. Tatsächlich wird meist die Verwaltung die Mehrheit für sich haben; gewöhnlich hat sie sogar in der Generalversammlung die Vertretung der Mehrheit.

Es ist nun aus dem Charakter der Aktiengesellschaften als Mehrheitsgesellschaften heraus durchaus zu billigen, wenn bei der Frage, was der Gesellschaft förderlich ist, die Mehrheit und die von ihr gewählte und unterstützte Verwaltung den Ausschlag gibt. Es kann schließlich nur einer entscheiden, und das muß der sein, der das größere Interesse an der Gesellschaft hat. Nur muß diese Befugnis der Mehrheit begrenzt sein; die Mehrheit darf nicht das Gesetz verletzen, und vor allem, es darf nicht geduldet werden, daß die Mitglieder der Mehrheit ihr etwaiges persönliches außergesellschaftliches Interesse in Angelegenheiten der Gesellschaft entscheiden lassen. Die Tendenz des Reichsgerichts aber geht in den erwähnten Entscheidungen, insbesondere in deren Begründung, dahin, diese Grenzen zu verwischen. Im Interesse der gedeihlichen Entwicklung unseres Aktienwesens kann diese Auslegung des geltenden Rechts nicht gebilligt werden.

Zuwendungen der Aktiengesellschaften zu Kriegswohlfahrtszwecken.

In dieser schweren Zeit, in der jeder nach seinem Vermögen beiträgt, um die Schäden und die Not des Krieges zu lindern, haben sich auch die deutschen Aktiengesellschaften ihrer Pflicht hierzu nicht entzogen. Fast bei allen, die Gewinn gemacht haben, sind gewisse Beträge, die sich nach Kapital und Gewinn abstufen, Zwecken der Kriegswohlfahrtspflege zugewendet worden. Man sollte annehmen, daß dies durchaus anerkennenswerte Streben, durch das ein geringer Teil des Dankes abgetragen wird, den die, die in Ruhe ihren Geschäften nachgehen können, denen schulden, die ihnen diese Sicherheit gegeben haben und geben, allseitige Zustimmung erfahren müßte. Leider ist dies aber nicht der Fall; es mehren sich in letzter Zeit die Einwendungen gegen derartige Zuwendungen: dem Aktionär werde die Dividende geschmälert, sein „Sonderrecht" verletzt, wer schenken wolle, könne es selbst tun, die Verwalter fremden Vermögens seien hierzu nicht berechtigt, sie seien der Gesellschaft verantwortlich und gegebenenfalls strafbar. Bliebe derartiges unwidersprochen, so wird die Folge sein, daß in Zukunft Vorstand und Aufsichtsrat darauf verzichten werden, solche Zuwendungen zu machen; denn niemand ist es angenehm, wenn er eine gemeinnützige Handlung vorgenommen hat, sich der Drohung mit Regressen und eventuell mit der Staatsanwaltschaft auszusetzen. Die Aktionäre werden dann ihr Prozent Dividende mehr haben und die armen Opfer des Krieges haben den Schaden zu tragen.

Dies muß unbedingt vermieden werden; der Nachweis ist leicht, daß die Drohungen unberechtigt sind und nicht auf dem Boden der Gesetze stehen, daß also die Verwaltung zu derartigen Zuwendungen in angemessenen Grenzen berechtigt ist, ohne sich selbst einer Gefahr auszusetzen.

Die Frage ist juristisch so zu stellen, ob eine Schenkung den Zwecken der Aktiengesellschaft widerspricht und ob daher der Einzelaktionär gegen Beschlüsse der Generalversammlung in dieser Beziehung protestieren kann, weil sie die Gesetze verletzen, und ob ferner der Vorstand, der derartige Handlungen vornimmt, regreßpflichtig ist.

Auszuscheiden ist der Fall, daß das Statut etwa ausdrücklich Schenkungen verbietet; natürlich darf in diesem Falle ohne Statutenänderung eine Schenkung nicht vorgenommen werden. Wenn aber, wie wohl fast ausnahmslos, das Statut nichts bestimmt, so ist anzunehmen, daß Schenkungen, die sich in den Grenzen halten, die Sitte und Anstand fordern oder gestatten, zulässig sind.

Zweimal seit Bestehen des HGB. ist die Frage bei Gelegenheit besonderer Fälle erörtert worden. Das Reichsgericht hat in dem berühmten Erkenntnis über die rumänischen Eisenbahnen (Entsch. Bd. 3 S. 134) sich über die Frage ausgesprochen, ob ein Eintreten für fremde Schulden zum Geschäftskreis der Aktiengesellschaft gehört. Diese Frage hat es verneint und hierbei in einem Nebensatze, der zu Mißverständnissen Anlaß geben kann, ausgesprochen, daß die Aktiengesellschaft eine Schenkung als eine der Gesellschaft fremde und widerstreitende Handlung nicht beschließen kann, wenn sie nicht wegen besonderer Umstände als im Interesse der Gesellschaft gelegen erscheint.

Nun bezieht sich hierbei das Reichsgericht auf zwei Entscheidungen des Reichsoberhandelsgerichts im 22. und 24. Bande, in denen sich das Gericht mit einer ähnlichen Frage beschäftigt, nämlich, ob die Gesellschaft Vorständen oder Beamten Vergütungen geben kann, wenn diese vertrags- oder statutengemäß für das betreffende Jahr nichts zu fordern haben. Dies bejaht das Reichsoberhandelsgericht und erklärt hierbei, die Gesellschaften dürften nicht gezwungen werden, die im gewöhnlichen Leben üblichen Rücksichten auf Grundsätze des Anstands und der Loyalität außer acht zu setzen. Indem das Reichsgericht in dem erwähnten Erkenntnis auf diese Entscheidungen verweist, macht es sich diese Grundsätze zu eigen, so daß als ein besonderer Umstand, der Schenkungen gestattet, die Rücksicht auf Anstand und Loyalität anzusehen ist.

Ein zweites Mal kam die Frage der Schenkungen zu öffentlicher Erörterung, jedoch, soweit bekannt, nicht zur gerichtlichen Entscheidung. Als im Jahre 1900 die Hochfinanz sich an der Sammlung zur Linderung der Hungersnot in Englisch-Indien beteiligte und auch einige Gesellschaften hierzu Beiträge leisteten, so wenig sympathisch schon damals eine derartige Beihilfe für England angesehen wurde, hat man die Rechtsgültigkeit derartiger Schenkungen nicht mit Erfolg bestritten.

Auch in den Kommentaren ist, soweit ich ersehe, fast ausnahmslos der gleiche Standpunkt vertreten. Man weist auf die besondere Stellung hin, die im System des Bürgerlichen Rechts, welches ergänzend auch für die Aktiengesellschaften gilt, die Schenkungen haben, die einer sittlichen Pflicht oder einer auf den Anstand zu nehmenden Rücksicht entsprechen. Diese sind dem Widerrufe entzogen; zu diesem wird der Verwalter fremden Vermögens, insbesondere der Vormund für berechtigt erklärt.

Es dürfte also nur zu untersuchen sein, inwieweit bei den Schenkungen der Aktiengesellschaften zu dem bezeichneten Zwecke derartige Rücksichten vorliegen. Grundsätzlich ist es zweifellos, daß auch Aktiengesellschaften sittliche Pflichten und auf den Anstand zu nehmende Rücksichten haben. Sie sind zwar reine Kapitalassoziationen, die gegründet sind, um den Aktionären Gewinn zu bringen; sie sind aber auch Mitglieder des im Staate vereinigten Ganzen und ebensowenig wie Privatpersonen können sie sich dem entziehen, was für anständig und sittlich gilt. Sie können es auch nicht im eigenen Interesse, denn auch bei der geschäftlichen Stellung der Gesellschaften kommen Imponderabilien in Betracht. Gesellschaften, die ihre sozialen Pflichten vernachlässigen oder nur soweit erfüllen, wie es der Buchstabe des Gesetzes fordert, werden im Ansehen und damit auch in ihrer Geschäftstüchtigkeit leiden.

Bejaht man so grundsätzlich die Frage, so ist weiter zu untersuchen, wie weit die Grenzen der Zuwendungen zu stecken sind. Hierüber gibt es natürlich keine allgemeine Norm. Das, was bei der einen großen Gesellschaft, die sehr viel verdient hat, als angemessen anzusehen ist, kann bei einer kleineren Gesellschaft über die Grenzen des Zulässigen hinausgehen. Hier gelten noch heute die Worte des Reichsoberhandelsgerichts in der zitierten Entsch. im 24. Bd. vom Jahre

1878; dort wendet sich das Gericht gegen den Einwand, daß die Entscheidung, wann Zuwendungen zulässig seien, von sehr schwankenden Gesichtspunkten abhängig wäre, so daß vielleicht durch derartige Zuwendungen größere Teile des Kapitals den Aktionären entzogen werden können. Es widerlegt dies und führt aus, daß es natürlich Grenzen gebe, bei deren Überschreitung die Rechte der Einzelaktionäre verletzt würden. Alles das, was über das Maß jeder Geschäftsüblichkeit hinausgeht, muß als außerhalb des Zweckes liegend, für den sich die Aktionäre verbunden haben, erachtet werden, die konkrete Würdigung entscheidet hier.

Es ist also die Entscheidung nach dem Einzelfalle zu treffen. Hierbei ist aber zu berücksichtigen, daß wir in einer außergewöhnlichen Zeit leben, in der jeder einzelne außergewöhnliche Opfer bringen muß. Wenn die, die im Felde stehen, ihr Leben einsetzen, so darf man nicht kleinlich mäkeln, wenn Gesellschaften, die viel durch den Krieg verdient haben, etwas von dem Verdienste für die, die das Vaterland schützen, oder deren Hinterbliebene abgeben. Man wird also heute großzügigere Grundsätze anwenden müssen als in ruhigen Zeiten, in denen im allgemeinen der Staat für die Bedürftigen eintritt.

Folgt die Verwaltung der Aktiengesellschaft diesen Grundsätzen, so handelt sie dem Gesetz gemäß; sie braucht sich weder vor Denunziationen noch vor dem Regreß zu fürchten. Fragt sie die Generalversammlung, was sie im Interesse ihrer Verantwortlichkeit der Gesellschaft gegenüber wohl in Fällen, in denen es sich um besonders hohe Zuwendungen handelt, tun wird, so kann sie ruhig deren Beschluß ausführen, selbst wenn einige oder mehrere Aktionäre widersprechen. Eine etwa auf Grund der Bestimmungen des HGB. erfolgte Anfechtung dieses Beschlusses ist, soweit die Zuwendung sich in den hier erörterten Grenzen hält, aussichtslos. Es ist ein nobile officium, das die großen Gesellschaften ebenso wie die reichen Privatleute haben, und man sollte ihnen die Ausübung einer derartigen Pflicht nicht erschweren, sondern erleichtern.

Druck von A. W. Hayn's Erben (Curt Gerber), Potsdam.

FSC
www.fsc.org
MIX
Papier | Fördert gute Waldnutzung
FSC® C083411

Kolibri 360 GmbH
Ferdinand-Jühlke-Straße 7
99095 Erfurt, Deutschland
produktsicherheit@kolibri360.de